JAKOB KERN

Durch Leid zum Licht

Hermann-Josef Weidinger

Jakob Kern

Durch Leid zum Licht

Freunde der Heilkräuter
Karlstein/Thaya

Fotonachweis

Foto Felici, Rom: Seite 169

Benedikt Felsinger OPraem., Geras: Seiten 20, 24, 30, 82, 98, 115, 182

Franziskus Fuhrmann OPraem., Geras: Seite 199

Herz-Jesu-Kloster, Hall in Tirol: Seiten 208, 210

Gerhard Hofstätter, Karlstein/Thaya: Seiten 17, 22, 27, 110, 118, 141, 186

Sebastian Kreit OPraem., Geras: Seiten 76, 100, 105, 107, 112, 143, 166, 174

Barbara Krobath, Wien: Seiten 134, 136

Thomas M. Laimgruber, Wien: Fotos im Vor- und Nachsatz, Seiten 10, 16, 64, 66, 86, 92, 94, 102, 120, 123, 126, 132, 147, 151, 158, 160, 164, 171, 172, 188, 195, 204, 212

L'Osservatore Romano, Città del Vaticano: Seiten 220, 221, 222, 223, 224, 225 (oben), 226

Schleich, NÖ Landespressedienst: Seite 178

Archiv Stift Geras: Seiten 62, 154, 197, 225 (unten)

Prof. Gerhard Trumler, Wien: Seiten 191, 218

Archiv H.-J. Weidinger OPraem., Geras: Umschlagfoto, Seiten 38, 40, 45, 51, 53, 55, 58, 60, 70, 74, 79, 228

1. Auflage, 1. – 10. Tausend, März 1999

Umschlaggestaltung und Layout: Beatrix Leberth, A-3830 Waidhofen/Thaya
Reproduktion der Fotos: Gerhard Jonas, A-3860 Heidenreichstein
Satz: Redaktionsbüro Kräuterpfarrer Weidinger, A-3822 Karlstein/Thaya
Druck: Ferdinand Berger & Söhne Gesellschaft mbH, A-3580 Horn

ISBN 3 900504 39 3

Inhalt

1
Geburtsjahr

2
Werdegang

3
Tugendleben

4
Heimgang

5
Wegleuchte

6
Opferseele

7
Seligsprechung

1

GEBURTSJAHR

Der Mensch, die Welt und ihre Güter …

Der Schatten und die Sonne

Ein Schatten, auch wenn er größer als der Gegenstand selbst erscheint, so ist und bleibt er doch ein Schatten. In Wirklichkeit ist er nichts. Das Ganze ist nur ein Schein, und dies umso mehr, je schräger die Sonnenstrahlen einfallen.

Wenn aber am hohen Mittag die Sonne im Zenit steht, dann schrumpft der Schatten zusammen. Er geht ein und wird ganz kurz.

Dieselbe Beobachtung läßt sich auch bei irdischen Dingen machen. Solange jemand zum Licht des Tugendlebens eine recht schiefe Stellung einnimmt, erscheinen ihm die Dinge dieser Welt gewaltig groß. Tritt er aber mitten in das taghelle Licht der heiligen Schriften, dann gewahrt er das Wertlose, Vergängliche und Nichtssagende dieser hinfälligen Dinge und wird inne, daß sie nicht viel mehr sind als die Wellen eines Stromes, die auftauchen und schon wieder verschwunden sind.

Das Urteil des Weisen

Der griechische Philosoph Thales wurde einmal gefragt, welches das kostbarste Gut sei.

Er gab die tiefe Antwort: „Die Zeit! Denn durch sie kann man alles gewinnen."

Steht die Sonne am höchsten,
dann schwindet jeder Schatten.

Die Zeit eilt, heilt, teilt

„Nur die Zeit gehört uns allein an; alles andere ist fremdes Eigentum. Es ist die einzige, und zwar eine flüchtige, schnell entschlüpfende Sache, in deren Besitz uns die Natur versetzt hat, und doch vertreibt uns daraus jeder Beliebige.“ (Seneca, Briefe, I, 1, 3)

„Wer in der Zeit immer nur das Alte sieht, ist ein Pedant. Wer in ihr nur Neues erblickt, ist ein Dummkopf … das Alte unter immer neuen Umständen ist der ewige Gang der Welt.“ (Grillparzer)

„Keine Zeit ist mit der Zeit zufrieden; das heißt, die Jünglinge halten die künftige für idealer als die gegenwärtige, die Alten die vergangene.“ (Jean Paul, Vorschule der Ästhetik)

„Die Zeit ist kein Sumpf, sie ist ein Strom. Alle Völker nennen sie so, und mit Recht. Denn Stillstand ist nirgends, sondern fortwährender Wandel der Dinge, und darum Verwandlung vor allem.“ (Gotthelf, Die Armennot)

„Äon“ im hebräischen Denken

Unter dem hebräischen Wort „Äon“ versteht man in der Sprache des Alten Testamentes einen fernen, unendlichen Zeitraum. Als solcher kann sowohl die Vorzeit nach Genesis 6, 4 oder die Zukunft nach Genesis 13, 15 vorgestellt werden.

Auf alle Fälle meint Äon die unveränderte Dauer der göttlichen Wirksamkeit, die Herrschaftsgewalt Gottes über Zeit und Geschichte.

„Äon" im neutestamentlichen Denken

Mit Jesus Christus ist der neue Äon bereits hereingebrochen. Die Äonwende hat sich ereignet.

Allerdings besteht seit diesem Ereignis die alte Weltzeit noch fort, aber die neue Zeit Christi lagert sich bereits über jene und verdrängt sie mehr und mehr.

Auf die Christen sind die beiden „Enden der Äonen", das des Alten und das des Neuen, gestoßen, so berichtet Paulus im 1. Korintherbrief, 10, 10–11: „Murrt auch nicht, wie einige von ihnen murrten; sie wurden vom Verderber umgebracht. Das aber geschah an ihnen, damit es uns als Beispiel dient; uns zur Warnung wurde es aufgeschrieben, uns, die das Ende der Zeiten erreicht hat."

Darum gilt das entschiedene Eintreten des Christen der neuen Weltzeit Christi.

Die innere Bindung Gottes

Nach biblischer Denkweise ist Gott seiner Schöpfung verpflichtet. Es besteht ein enges Verbundensein. Er hat den Menschen beim Namen gerufen.

Jahwe hat sein Volk aus der Knechtschaft Ägyptens herausgeführt in seine Freiheit. Er geleitet die Seinen. Er ist an der Welt des Menschen am Werk.

Christus und seine Verpflichtung

Endgültig hat sich Gott an den Menschen durch seinen Sohn und Boten Jesus Christus gebunden. Christus ist die ganze Hingabe Gottes an die Welt.

Denn in Christus ist Gott für die Menschen da. Und er hat sich versöhnt. „Ja, Gott war es, der in Christus die Welt mit sich versöhnt hat, indem er den Menschen ihre Verfehlungen nicht anrechnete und uns das Wort seiner Versöhnung zur Verkündigung anvertraute." (2 Kor 5, 19)

Die Verpflichtung Christi geht allein dahin, die Welt heimzuholen, die Menschen zu seinen Töchtern und Söhnen zu machen.

Christus bedeutet Hingabe

Sein Leben war ein Dasein für andere. Für die Menschen ging er in den Tod, um sie von der Sünde freizukaufen.

Seine Auferstehung hat uns Freiheit, Endgültigkeit und Selbst-Identifikation ermöglicht.

Als der Herr der Welt ist Christus an dieser engagiert: im Leben jedes einzelnen Menschen, in der menschlichen Geschichte überhaupt, in der Gemeinschaft derer, die seinen Namen tragen.

Deswegen ist das Leben derer, die sich auf Christus eingelassen haben, wesentlich Engagement, Verpflichtung. Denn sie müssen fortführen, was unser Herr und Meister begonnen hat.

Sie müssen an der Menschwerdung des Menschen mitarbeiten, weil Gott Mensch geworden ist.

Der Christ sollte, wenn er seine Sendung versteht und ernst nimmt, ein Bild der Persönlichkeit Christi sein, ein „leuchtender Schatten". Einer, der die Finsternis erhellt, Hilfe und Trost bringt.

Christsein heißt Anteilnahme

Jesus will das Tun der Gerechtigkeit, den Einsatz für den Frieden, die erbarmende Tat um Gottes willen. „Selig, die hungern und dürsten nach der Gerechtigkeit; denn sie werden satt werden." – „Selig, die Frieden stiften; denn sie werden Söhne Gottes genannt werden." – „Selig die Barmherzigen; denn sie werden Erbarmen finden." (Mt 5, 6; 9; 7)

Jesus will nicht das Bekenntnis, sondern die Praxis seiner Botschaft, das Tun des Willens Gottes. „Nicht jeder, der zu mir sagt: Herr! Herr!, wird in das Himmelreich kommen, sondern nur, wer den Willen meines Vaters im Himmel erfüllt." (Mt 7, 21) – „Was sagt ihr zu mir: Herr! Herr!, und tut nicht, was ich sage?" (Lk 6, 46)

Christsein heißt Eintreten für den Menschen, an Stelle Christi und an Stelle Gottes. Somit übernimmt der Christ die Stellvertretung Gottes.

Der tatkräftige Christ

Es gibt nur tatkräftige Christen. Der antwortet auf den Anruf Gottes, der mit seinem Leben dort bereit ist, wo der Mensch und die Gesellschaft gefährdet erscheinen. Alle anderen sind bloß „Namenchristen".

Diese Bereitschaft bedeutet Kampf, genauer Entscheidungskampf, um Gottes wunderbare Schöpfung. Denn: „Die Nacht ist vorgerückt, der Tag ist nahe. Darum laßt uns ablegen die Werke der Finsternis und anlegen die Waffen des Lichts." (Röm 13, 12)

Es geht darum, ob Gottes Schöpfung im Werden bleibt und tatsächlich zur neuen Schöpfung wird oder dem Vergehen anheimfällt.

Christen sind an dem engagiert, was Christus der Welt ermöglicht und eröffnet hat.

Die Opferbereitschaft des Christen gilt mehr der Zukunft als der Vergangenheit, denn es ist die Zukunft Gottes. Meines Gottes!

Gottes neue Welt ist im Werden. Diese neue Welt wird überall dort, wo Menschen auf die Liebe Gottes antworten. Gottes Liebe aber ist den Menschen seit Christus möglich geworden. Sie ist zugleich Ende und Vollendung.

Grünes Licht nach vorwärts

Am 20. Oktober 1924 starb der Prämonstratenser-Chorherr Jakob Kern. Am Ostermontag, dem 13. April 1998, wurde unweit der Marienbasilika in Geras die „Jakob-Kern-Gedächtniskapelle" feierlich gesegnet. Blumen und Kerzen zeigen an, daß der Reliquienschrein des Seligen in Ehren gehalten wird.

Auffallende Gebetserhörungen seit dem Heimgang des 27jährigen Priesters und Ordensmannes wurden nicht nur in seiner näheren Heimat vermerkt.

In der Erzdiözese Wien wurde unter Kardinal Dr. Franz König in der Zeit vom 18. März 1958 bis 2. August 1985 das Seligsprechungsverfahren für den Diener Gottes Jakob Kern durchgeführt. Das Ergänzungsverfahren schloß Kardinal Dr. Hans Hermann Groër am 23. September 1988 ab: „Alle kirchenrechtlichen

Weihbischof Dr. Heinrich Fasching segnete am 13. April 1998 die Jakob-Kern-Gedächtniskapelle.

Bestimmungen wurden eingehalten, und es besteht keinerlei Zweifel an der Glaubwürdigkeit der Zeugenaussagen."

Die Durchführung des Beweisverfahrens im Wunderprozeß wurde am 6. Februar 1992 in Wien abgeschlossen.

Der Seligsprechungsprozeß fand am 7. Juli 1997 in Rom in Beisein des Papstes seinen feierlichen Abschluß.

Über das Leben des „Leidensmannes" will das Buch berichten. Ein Mann, der sich nicht an die irdischen Güter geklammert, sondern mit Gottes Gnade und seiner entfalteten Herzensliebe über die vergänglichen Güter dieser Welt hinweg durch Leid zum Licht gefunden hat.

Weit mehr als 1000 Aktenseiten des Seligsprechungs- und Wunderprozesses dienten dem Autor als Quelle.

DIE UHR BLEIBT STEHEN, DIE ZEIT NICHT

Dem Glücklichen schlägt keine Stunde

Ihrem Ursprung oder der Herkunft nach sind die beiden Wörter Uhr und Stunde eng miteinander verbunden, vom lateinischen „hora" her. Es bedeutet soviel wie Zeit, auch Jahreszeit oder Tageszeit, aber auch Stunde. In der Mehrzahl gebraucht, steht „horae" für Uhren.

Die Uhr ist ein Gerät zur Zeitangabe oder Zeitmessung, das als Zeitmaß meist die Periodendauer eines zeitlich periodischen Bewegungsvorgangs benutzt.

Die Uhr, ein Sinnbild des Menschenlebens.

Uhren im engeren Sinne sind Zeitanzeiger, da sie – ablesbar an der Stellung von Stunden-, Minuten- und Sekundenzeigern vor einem Zifferblatt oder an der entsprechenden unmittelbaren und fortlaufenden Leuchtzifferanzeige, der Digitalanzeige bei Digitaluhren – die jeweilige Tageszeit, die Uhrzeit, angeben.

Spirituelle Dimension der Zeit

„Kostbar ist mir jeder Tropfen Zeit." So sagt der heilige Augustinus in seinen Bekenntnissen. Wir Prämonstratenser-Chorherren – der Selige Jakob Kern war einer von uns – leben nach der vom heiligen Norbert übernommenen Augustiner-Regel.

Im geistlichen Leben kommt es nicht darauf an, die Zeit chronometrisch zu beobachten, sondern sie als gewährte anzunehmen und zu nutzen. „Es kommt die Stunde, und jetzt ist sie da." (Joh 4, 23)

Wer die Zeit als Geschenk bekommen hat, ist auch zur Freiheit berufen und kann dazu beitragen, sein personales Potential zu verwirklichen.

Das Geschenk der Zeit befähigt uns zur Begegnung mit anderen Menschen und zur Liebe.

Unsere Hoffnung ist es, daß unsere Zeit in die Hände des ewigen Gottes mündet.

Der Kairos und der Wille Gottes

In den meisten Mythen wird die Zeiterfahrung mit dem Wirken der Götter in Verbindung gebracht.

Im griechischen Mythos werden Chronos und Aion als göttliche Wesen verehrt. Zeus ist der Herr über die Zeit, Kairos führt den „günstigen Augenblick“ herauf, Thanatos beendet die jeweilige Lebenszeit, und die Horen stehen für bestimmte Stunden.

Der Mensch fühlte sich nicht als Herr der Zeit, sondern wußte sich den Zeitmächten ausgeliefert.

Im Neuen Testament ist der Kairos zunächst Ausdruck für das Bewußtsein, daß „Zeit“ dem Willen Gottes unterworfen ist.

Alles hat seine Stunde

Gott unterliegt nicht den Gesetzen der Zeit, er ist mit zeitlichen Kategorien nicht zu bestimmen. „Tausend Jahre sind für dich wie der Tag, der gestern vergangen ist, wie eine Wache in der Nacht.“ (Ps 90, 4)

Der Mensch wird auf die Vergänglichkeit seines Daseins hingewiesen. „Der Mensch geht wie die Blume auf und welkt.“ (Ijob 14, 2)

Im Gebet klagt der Psalmist über die Hinfälligkeit seines Lebens. „In Kummer schwindet mein Leben dahin, meine Jahre verrinnen im Seufzen.“ (Ps 31, 11)

Der Mensch soll aber auch unterscheiden lernen, daß es sehr verschiedene Zeiten gibt, und daß jede ihre besondere Chance hat. „Alles hat seine Stunde. Für jedes Geschehen unter dem Himmel gibt es eine bestimmte Zeit.“ (Koh 3, 1) – Die Tiefen des Geistes bleiben den Opferscheuen verborgen, denn sie vermögen es nicht, die Welt und das Leben zu bändigen.

Der unendliche Gott greift hinein in deine Zeit.

Die Weisung des Herrn

Die Heilige Schrift spricht oft mit bewundernder Freude von der Sonne, von ihrem Vollglanz, von ihrer göttlichen Bestimmung. Der Sonn-Tag wurde der Tag, „den der Herr gemacht hat". (Ps 118, 24)

„Die Himmel rühmen die Herrlichkeit Gottes, vom Werk seiner Hände kündet das Firmament. Ein Tag sagt es dem andern, eine Nacht tut es der andern kund, ohne Worte und ohne Reden, unhörbar bleibt ihre Stimme. Doch ihre Botschaft geht in die ganze Welt hinaus, ihre Kunde bis zu den Enden der Erde.

Dort hat die Sonne ein Zelt gebaut. Sie tritt aus ihrem Gemach hervor wie ein Bräutigam; sie frohlockt wie ein Held und läuft ihre Bahn. Am einen Ende des Himmels geht sie auf und läuft bis ans andere Ende; nichts kann sich vor ihrer Glut verbergen." (Ps 19, 2–7)

Schon das Altertum kannte die Sonnenuhr

Die Sonnenuhr ist ein die wahre Sonnenzeit angebender Zeitmesser. Er besteht aus einem parallel zur Erdachse stehenden Stab, dessen Schatten auf eine waagrechte, eine zur Äquatorebene parallele oder eine senkrechte Ebene, nämlich das Zifferblatt, fällt.

Erste Sonnenuhren wurden von den Griechen aus dem Gnomon entwickelt – ein griechisches Wort, das Anzeiger heißt. Es handelt sich dabei um einen Schattenstab oder Schattenweiser und ist das älteste und einfachste Meßinstrument der Astronomie.

Den Gnomon sollen nach Herodot die Griechen von den Babyloniern übernommen haben. Sie entwickelten daraus die verschiedenen Sonnenuhren.

Das mathematische Verfahren zur Konstruktion von Sonnenuhren hieß daraufhin schon bei den Griechen und Römern Gnomonik.

Sinnbild der Vergänglichkeit

Das Stundenglas oder die Sanduhr gilt als Vorläufer der heutigen Chronometer. Man bediente sich früher

Nur unsere guten Werke haben ewigen Bestand!

dieses alten Zeitmeßinstrumentes. Es besteht gewöhnlich aus zwei durch eine enge Öffnung miteinander in Verbindung stehenden bauchigen Gläsern, durch die feiner Sand rieselt. Die durchgelaufene Sandmenge ist ein Maß für die verflossene Zeit.

Sichtbar, aber unaufhaltsam verrinnt die Zeit, ein Sinnbild der Vergänglichkeit alles Irdischen.

Die Kirchturmuhr, Mahner zur Mäßigkeit

Weithin sichtbar, ständig im Blickfeld der Gemeinde, will dieses Vergänglichkeitssymbol den Gläubigen zurufen, die verbleibende Zeit für das Seelenheil zu nutzen. Die Kirchturmuhr kann so verstanden werden.

Die gleichmäßige Bewegung der Uhr macht sie auch zum Sinnbild der Mäßigkeit. Die Tugend des Maßes hält den Christen dazu an, seine irdische Existenz in edler Selbstzucht, in Gerechtigkeit und Gottesfurcht zu leben. Sie fordert hohe Disziplin, welche die vorhandenen seelischen Kräfte bündelt, anstatt sie abzutöten und versanden zu lassen.

Liebe ist Hingabe

Und Hingabe ist Gabe von sich selbst. Denn nur wer sich selbst besitzt, kann sich bewußt verschenken, sich für andere aufopfern.

Allein ein geistbegabtes Wesen besitzt sich selbst. Wo Geist ist, da ist Liebe möglich. Je mehr Geist, desto mehr Hoffnung auf echte und wachsende Liebe besteht.

Ein Mahner: „Nütze die Zeit zu deinem Heil!“

Die Geschehnisse im Jahre 1897

Beim Aufstieg auf den Berg

Wer sich Christus ehrlichen Herzens naht, dem ergeht es wie einem Touristen, der sich aufmacht, um die Spitze des Montblanc zu erklettern.

Zuerst betrachtet er den König der Berge als einen Berg unter vielen seinesgleichen. Oft sieht er auf seinem Weg Bergspitzen, die ihm vielleicht noch höher scheinen als der Montblanc selbst. Aber wenn er sich endlich seiner Spitze nähert, sieht er alle übrigen Berghäupter zu seinen Füßen, und der Montblanc allein dringt gleich einer mächtigen Pyramide in die Wolken ein.

So geht es auch beim Studium eines Seligen, der, vom Geist Gottes erleuchtet, sich zur Wahrheit durchgerungen hat.

Man steht dann voll Staunen vor dem Lebenslauf eines Menschen, der ganz auf Christus hin ausgerichtet war. Christus, der große Unvergleichliche, dessen Haupt allein sich bis in den Himmel Gottes erhebt.

Die Seligkeit in Gott

Wann ist der Mensch selig? Das Kind ist selig, wenn es am Weihnachtsabend vor dem lichter-strahlenden Christbaum steht und all die Herrlichkeiten sieht, die das Christkind gebracht hat.

Der von schwerer Krankheit Genesene ist selig, wenn er zum ersten Mal im Gefühl der wiedererlangten Kraft und Gesundheit durch die herrliche, sonnenbeschienene Gottesnatur geht und das Leben dankbar als neu geschenkt empfindet.

Die Mutter ist selig, wenn ihr Kind nach langen Jahren des Fernseins heimgekehrt ist und sie überglücklich umfangen hält.

Wie groß wird aber erst die Seligkeit sein, wenn der Mensch nicht mehr vor dem Lichterbaum der Kindheit steht, sondern vor dem Urquell all des Lichtes, vor Gott.

Wenn er endlich alles hinter sich hat und genesen ist von aller Krankheit und Not des Erdendaseins. Wenn es zum großen Wiedersehen kommt, dem keine Trennung mehr folgen wird. – Jedoch Gott ist groß genug, sodaß man Ihn bereits in diesem Leben finden kann. Denn die Wahrheit Gottes erleuchtet uns.

Komponist Brahms in Wien gestorben

Im Alter von 63 Jahren starb am 3. April 1897 der deutsche Komponist Johannes Brahms in Wien. Der Musiker, der erstmals mit zehn Jahren als Pianist auftrat, lernte 1853 auf einer Konzertreise Robert Schumann kennen, der ihn der Musikwelt als fünftes Genie vorstellte und ihn förderte.

Die für die klassische Musik zukunftsweisende Bedeutung des in Hamburg geborenen Komponisten liegt unter anderem auf dem Gebiet der formalen Organisation in seinen Kompositionen.

Großer Gott, wir loben dich;
Herr, wir preisen deine Stärke.

Heim nach Zion

Im August 1897 tagte in Basel auf Einladung des jüdischen Journalisten Theodor Herzl der erste Zionistenkongreß. Nach 2000jährigem Exil versammelten sich dort jüdische Delegierte aus aller Welt.

Seit langem waren die Juden in aller Welt von der Sehnsucht erfüllt, heim nach Zion, ins gelobte Land, zurückzukehren. Doch erst im 19. Jahrhundert erfuhren diese Gedanken eine politische und soziale Realität, die eine Bewegung nationaler Erneuerung zeitigte.

Der neu entstandene Antisemitismus trug zur Besinnung der Juden auf ihre Geschichte bei und verstärkte die Forderung nach einer jüdischen Heimstatt in Palästina. Die Bezeichnung „Judenstaat" prägte erstmals Theodor Herzl, Journalist und Pariser Korrespondent der Wiener Zeitung „Neue Freie Presse".

Der Zionismus und der Nationalismus

Der Zionismus ist eine Variante des im 19. Jahrhundert aufkommenden Nationalbewußtseins in Europa. Der entstehende Antisemitismus trägt wesentlich zur Bildung eines politisch ausgerichteten jüdischen Nationalismus bei.

Beim zionistischen Kongreß in Basel wurden folgende Beschlüsse gefaßt. 1. Förderung der jüdischen Besiedlung Palästinas. – 2. Gliederung der gesamten Juden durch allgemeine örtliche Veranstaltungen. – 3. Stärkung des jüdischen Volksbewußtseins und Volksgefühls. –

4. Vorbereitende Schritte, um bei den Staatsregierungen Zustimmung für die Ziele des Zionismus zu erreichen.

Das Wissen um die Röntgenstrahlen

Der deutsche Physiker Wilhelm Conrad Röntgen war ein engagierter Hochschulprofessor, dessen Arbeiten unter anderem die Kompressibilität der Stoffe, die spezifische Wärme von Gasen und die elektrische Leitfähigkeit von Kristallen betrafen.

1895 entdeckte er bei Untersuchungen der Kathodenstrahlen mit einer Hittorfschen Röhre – Gasentladungsröhre mit kalten Elektroden zur Erzeugung von Kathodenstrahlen – die später nach Professor Röntgen benannten „Röntgenstrahlen". Von ihm selbst wurden sie als „X-Strahlen" bezeichnet.

Erst 1897 war das Wissen um die Röntgenstrahlen ausgereift und konnte umfassend beschrieben werden. Damit brach ein neues Zeitalter in der Diagnostik an. Durch die „Durchleuchtung" und das „Filmen" bestimmter innerer Körperteile konnten innere Erkrankungen erkannt und so die Behandlung gelenkt und geleitet werden.

1901 erhielt Röntgen den ersten Nobelpreis für Physik.

Die Wasserkur nach Pfarrer Kneipp

Als 1890 die Kur- und Wasserheilanstalt im Schloß Walkenstein im niederösterreichischen Waldviertel eröffnet wurde, stand auf einem Prospekt zu lesen: „An einem der nordwestlichen Ausläufer des Manhartsgebirges im Waldviertel Niederösterreichs liegt auf einem klimatisch begünstigten Plateau, 447 Meter über der Meeresfläche, umgeben von schönen Obstgärten, in unmittelbarer Nähe von würzigen, quellenreichen, die mannigfachsten Spazierwege bietenden Waldungen, die Kaltwasserheilanstalt ‚Schloß Walkenstein', Besitztum des Prämonstratenser-Chorherrenstiftes Geras."

Die Waldviertler Landschaft hebt das Gemüt.

Sterbejahr eines Gesundheitsapostels

Pfarrer Sebastian Kneipp, ein katholischer Geistlicher und Naturheilkundiger, erregte mit seinem Buch „Meine Wasserkur" Aufsehen. Am 17. Juni 1897 starb der 76jährige in Bad Wörishofen. Kurz nach seinem Tod wurde in Wörishofen der Kneippbund gegründet.

Als heute wertvolles Dokument, das bezeugt, daß das Prämonstratenser-Stift Geras auf seinem Areal als erster in Niederösterreich Kneipp-Kuren durchführte, gilt ein Brief von Pfarrer Sebastian Kneipp, datiert Wörishofen, am 21. November 1890.

Der „Kleine Weg"

Theresia Martin, geboren am 2. Jänner 1873 zu Alençon in der Normandie, trat mit päpstlicher Genehmigung bereits 15jährig in den Karmel von Lisieux ein. Dort legte sie im September 1890 die Gelübde ab. 5 Jahre später brachte sie sich als „Ganzopfer der Liebe des gnädigen Gottes" dar.

Ihre Lehre, die in ihrem Buch „Geschichte einer Seele" zum Ausdruck kommt, hat das Gottesbild ihrer Zeit verändert. Weg vom strafenden Richter und hin zum liebenden Vater. Nicht die Furcht und Angst vor Gottes Strafe, sondern Vertrauen und unendliche Liebe sollen das Verhältnis zwischen Gott und den Menschen bestimmen.

Nicht große Taten der Abtötung, der Aufopferung, der Leistung begründen Heiligkeit, sondern die kleinen Dinge des Alltags, die in vollkommener Selbstlosigkeit aus Liebe zu Gott ertragen und getragen werden.

Der „Kleine Weg" der heiligen Theresia vom Kinde Jesu läßt sich kurz zusammenfassen: Man muß wissen, daß man nichts Besonderes ist und das, was man tut, denkt und fühlt, wirklich nicht der Rede und der Beachtung wert ist. Halten wir uns fern von allem was glänzt. Lieben wir unsere Kleinheit, freuen wir uns, wenn wir nichts empfinden, dann sind wir arm im Geiste. Erst das Leiden ohne Großartigkeit, das Leiden in Schwäche ist wirklich ein Mitleiden mit dem Herrn.

Theresia starb am 30. September 1897. Ihre letzten Worte waren: „Ich bereue nicht, mich der Liebe ausgeliefert zu haben. Nein, ich bereue es nicht, im Gegenteil."

Theresia vom Kinde Jesu wurde am 29. April 1923 selig- und am 17. Mai 1925 heiliggesprochen. Am 19. Oktober 1997 hat sie Papst Johannes Paul II. zur Kirchenlehrerin erhoben.

Das Wiener Riesenrad

Im Rahmen der Weltausstellung wurde 1897 im Wiener Prater das Riesenrad montiert. Seither ist es mit seinen 64 Metern Höhe der Hauptanziehungspunkt im Wiener Wurstlprater, dem Vergnügungspark am rechten Donauufer, zwischen Donau und Donaukanal.

Das Geburtsjahr des Seligen

Jakob Kern wurde am 11. April 1897 im 13. Wiener Bezirk, in der Breitenseerstraße 56 geboren. Das Kind erhielt in der Taufe den Namen Franz Alexander.

Quell des Sühnegedankens

Das Jahr 1897 war das Geburtsjahr des Seligen Jakob Kern. Vor 250 Jahren, am 22. Juli 1647, wurde Margareta Maria Alacoque in Lauthecour, Burgund, geboren.

1671 trat sie in den Orden der Heimsuchung zu Paray-le-Monial ein. Begnadet durch mystisches Schauen Jesu, Ruhen an seinem heiligsten Herzen und Miterleben seines Leidens, erhielt sie in Visionen den Auftrag, die Herz-Jesu-Verehrung an jedem ersten Freitag im Monat und durch Einführung des Herz-Jesu-Festes zu fördern.

Das Wesen der Herz-Jesu-Verehrung kurz zusammengefaßt: ein inneres persönliches „Ergriffensein" in Gebet und Meditation von der Person Jesu Christi, dessen Liebe zum Vater und zu den Menschen sich vollendet und sich im Zeichen der Durchbohrung seines Herzens mitteilt.

So wird dieses durchbohrte Herz-Jesu zur Quelle der Wiedergutmachung und des Sühnegedankens.

Der Weg der Umkehr und Buße

Dieser Weg wurde eindrucksvoll im Gleichnis vom „verlorenen Sohn", dessen Mitte „der barmherzige Vater" ist, geschildert.

Die Verlockung einer illusorischen Freiheit, das Verlassen des Vaterhauses; das äußerste Elend, in das der Sohn gerät, nachdem er sein Vermögen verschludert hat; die tiefe Demütigung, Schweine hüten zu müssen und, schlimmer noch, die des Verlangens, sich am Schweinefutter zu sättigen; das Nachsinnen über die verlorenen Güter; die Reue und der Entschluß, sich vor dem Vater schuldig zu bekennen; der Rückweg; die großherzige Aufnahme durch den Vater; die Freude des Vaters.

Das alles sind Züge des Bekehrungsvorganges. Das schöne Gewand, der Ring und das Festmahl sind Sinnbilder des reinen, würdigen und freudvollen neuen Lebens, des Lebens des Menschen, der zu Gott und in den Schoß seiner Familie, der Kirche, heimkehrt.

Einzig das Herz Christi, das die Tiefen der Liebe seines Vaters kennt, konnte uns den Abgrund seiner Barmherzigkeit auf eine so einfache und schöne Weise schildern.

Die Sünde ist Beleidigung Gottes

Sie ist aber auch Bruch der Gemeinschaft mit ihm. Gleichzeitig beeinträchtigt sie die Gemeinschaft mit der Kirche.

Darum führt die Bekehrung zugleich die Vergebung Gottes und die Versöhnung mit der Kirche herbei.

Das Gebet der Kirche

Es ehrt und verehrt das Herz Jesu, wie es seinen heiligsten Namen anruft. Die Kirche betet das menschgewordene Wort und sein Herz an, das sich aus Liebe zu den Menschen von unseren Sünden durchbohren ließ.

Das christliche Beten folgt im Kreuzweg gern dem Erlöser nach. Die Stationen vom Prätorium bis Golgota und bis zum Grab kennzeichnen den Weg Jesu, der durch sein heiliges Kreuz die Welt erlöst hat.

2

WERDEGANG

GEBURT UND KINDHEIT IN GEBORGENHEIT

Die Wärme des Elternhauses

Der Selige Jakob, in der Welt Franz Alexander Kern, Priester und Profeß der Waldviertler Abtei Geras des Prämonstratenser-Ordens, wurde am Palmsonntag, dem 11. April 1897, in Wien 13, Breitenseerstraße 56, geboren. Seine Eltern waren Franz Kern aus Wien, und Anna, geborene Neidl, aus Landegg, Bezirk Baden.

Sein Vater war gelernter Gärtner, übte aber diesen Beruf nicht aus, sondern verdiente als Nachtportier des Wiener Eislaufvereines den Unterhalt für seine Familie.

Beide Elternteile waren gläubige und sittenstrenge Menschen. Seine fromme Mutter machte einige Wochen vor der Geburt des Seligen eine Wallfahrt nach Maria Enzersdorf, wo sie vor dem Gnadenbild der seligsten Jungfrau lange betete und ihr Kind unter den Schutz der Gottesmutter stellte. Sie flehte auch darum, daß ihr Kind, wenn es ein Knabe sei, sich als Priester ganz dem Dienste Gottes weihe und gelobte, daß sie dem Knaben eine große Liebe zum Priestertum ins Herz legen wolle.

Dies erzählte sie dem Seligen auf ihrem Sterbebett, als dieser bereits Student der Theologie und Alumnus des Wiener Priesterseminars war. Sie dankte ihm, daß er ihrem Sehnen, ihr Sohn möge als Priester an den Altar treten, Erfüllung bringe.

Die Wallfahrtskirche Maria Enzersdorf,
ein Gnadenort Mariens.

Der Kleine wurde am 19. April 1897 in der Pfarrkirche Penzing in Wien getauft und erhielt die Namen Franz und Alexander, nach Vater und Onkel, dem Taufpaten.

Er hatte zwei Schwestern: Rosa Kern, geboren am 18. Juni 1890 und gestorben am 19. August 1917, und Hermine Kern, verehelichte Müssauer, geboren am 16. Dezember 1892, gestorben am 9. September 1979. – Beim Begräbnis war der Autor anwesend.

Die Eltern leiteten ihre Kinder durch Wort und Beispiel zu einem wahrhaft religiösen Leben an.

Der Selige wurde schon in frühester Kindheit von seiner Mutter in den religiösen Wahrheiten unterrichtet, denen er sich sehr aufgeschlossen zeigte. Er verbrachte seine Kindheit bis zum zehnten Lebensjahr bei seinen Eltern in Wien-Ottakring, wohin sie übersiedelt waren.

Behütete Kindheit

In der Volksschule, Elementarschule, die er in Ottakring besuchte, hatte er gute Erfolge aufzuweisen.

Seine liebsten Stunden im gesamten Unterricht waren die Religionsstunden. Doch war es ihm immer zu wenig, was er dort hörte, sodaß er häufig die Mutter um Ergänzungen bat.

Franz hing mit großer Liebe an seinen Eltern, denen er stets mit Ehrfurcht begegnete. Ebenso brachte er seinen Lehrern in der Schule Ehrfurcht und Gehorsam entgegen. Er war zu jedem freundlich und aufmerksam. Seinen Geschwistern und Altersgenossen gegenüber war er hilfsbereit und gut.

Franz Alexander Kern als Kind,
mit einem Blick, der von Treue kündet.

Die Zeugen seiner Kindheit berichten, daß sie schon damals an ihm keinen wirklichen Fehler entdecken konnten. – Kindliche Unarten kamen wohl ab und zu vor, die ihm auch Strafe eintrugen, die er aber stets gehorsam und mit der Absicht, es künftig besser zu machen, entgegennahm.

So kam er einmal als zweijähriges Büblein zu seiner gerade mit einer Arbeit beschäftigten Mutter und fragte sie: *„Mami, wo ist Mina?“*, dies war seine Schwester. Die Mutter antwortete kurz: „In der Kirche.“

Nach einiger Zeit bemerkte die Mutter zu ihrem Schrecken, daß das Kind verschwunden war. Sie suchte zuerst im Haus, fand es aber nicht. Als ihr einfiel, daß der Knabe nach seiner Schwester gefragt habe, nahm sie an, er sei sie suchen gegangen. Deshalb eilte die Mutter angsterfüllt auf die Straße und fand dort das Kind, wie es die hinter der Scheibe eines Auslagefensters zur Schau gestellten Sachen bewunderte.

Als der Knabe plötzlich die Mutter neben sich sah, sagte er verwundert: *„Da schau, Mami ist auch da.“*

Die Mutter brachte ihn nach Hause und bestrafte ihn. Solcher Art waren seine kindlichen Verfehlungen.

Hilfsbereiter Kamerad

Bereits in seiner Kindheit besuchte der Selige täglich die heilige Messe. Seine Gedanken begannen sich schon früh mehr und mehr Gott und seinen Heiligen zuzuwenden. Von dort kamen die Kraft und die Prägung seiner Frömmigkeit.

Als sich sein Alterskamerad Alois Benesch durch eigene Schuld eine Verletzung des Knöchels zuzog, sagte er zu diesem: „*Paß halt auf, immer kann Dich der Schutzengel auch nicht hochhalten.*“

Und als dann die Gefahr bestand, daß man dem Kameraden wegen dieser Verletzung den Fuß abnehmen müsse, betete er viel für ihn. Zu Hause zur Rede gestellt, warum er so spät heimkomme, sagte Franz Alexander, er sei in der Kirche gewesen, da er Gott so viel bitten müsse, daß dem Loisl geholfen werde.

Tatsächlich heilte der Fuß des Knaben zum Staunen der Ärzte vollständig ohne Operation, so daß er späterhin keinerlei Beschwerden hatte und auch für kriegstauglich befunden wurde.

Seine etwas bubenhaft veranlagte Schwester ermahnte er: „*Warum raufst Du so viel mit den Buben? Schau, sie meinen es gar nicht so schlimm.*“

Ein „gottbegnadetes“ Kind

Als Franz in der dritten Volksschulklasse war, durfte er zum ersten Mal beichten. Der große Tag der Erstkommunion war ein Jahr später. Er verrichtete damals kniend vor seinem kleinen Hausaltar lange Vorbereitungs- und Danksagungsgebete.

Zu Pfingsten 1908 wurde er gefirmt. Sein Pate hatte Tränen in den Augen, als er sah, mit welch großer Andacht der Knabe dieses heilige Sakrament empfing.

Zur heiligen Kommunion ging er bereits als Kind sooft wie nur möglich.

Um zum Tisch des Herrn treten zu können, nahm er schon damals manches Opfer auf sich.

Von frühester Kindheit an liebte er das Gebet. Kaum konnte er reden, hatte ihm die Mutter Gebetlein gelehrt, als er anfing, diese mit großer Andacht zu verrichten. Oft kniete er vor einem heiligen Bild oder einer Statue nieder, bekreuzigte sich und neigte andächtig den Kopf.

Es kam nicht selten vor, daß in dem vorwiegend kirchenfeindlichen Bezirk Wiens, in Ottakring, wo Franz Kern mit den Seinen wohnte, andere Kinder ihn wegen seiner Frömmigkeit verspotteten. Er nahm dies geduldig hin und brachte es durch gutes Zureden häufig so weit, daß solche Kinder später mit ihm die Kirche besuchten.

Wegen der Andacht, mit der er schon damals in der Kirche ins Gebet versunken war, nannten ihn viele Kirchenbesucher ein „gottbegnadetes Kind", einen „Engel" und einen „kleinen Heiligen".

Die unerwünschte Eisenbahn

Franz Alexander Kern vernahm bereits in früher Jugend den Ruf zum Priestertum in sich und folgte ihm stets getreulich.

Als er fünf Jahre alt war, erhielt er von seinen Eltern als Weihnachtsgeschenk eine kleine Eisenbahn, ein Pferdchen und andere Kinderspielzeuge. Zum Staunen der Mutter zeigte der Knabe an allem keine Freude, sodaß sie ihn verwundert fragte: „Ja, Franzi, freut Dich denn das alles nicht?" Da senkte der Kleine sein Köpfchen und sagte traurig: *„Nein."*

Auf die Frage der Mutter: „Was hättest Du denn sonst wollen, daß Dir das Christkind bringt?“ antwortete er: *„Einen Altar mit Kerzenleuchtern und Kerzen und Blumenstöckerln.“* Bald darauf bekam er zu seiner größten Freude einen solchen Altar.

Der Ruf Gottes

Da Franz Kern das nötige Talent zeigte, und es sein brennendster Wunsch war, kam er nach bestandener Aufnahmeprüfung im September 1908 in das Knabenseminar der Erzdiözese Wien in der Stadt Hollabrunn, dessen Zöglinge das dortige Staatsgymnasium besuchten.

Das Wissen um den Ruf Gottes zum Priestertum war damals schon so stark in ihm, daß er seiner Mutter, der bald nach seinem Eintritt in das Seminar vorübergehend das Geld zur Bezahlung des geforderten Verpflegungsbeitrages mangelte, in einem Brief schrieb, er werde halt zu den Franziskanern gehen müssen, wenn sie den erforderlichen Betrag nicht zahlen könnte. Gott rufe ihn aber deutlich zum Priesterstand, und diesem Ruf müsse er unter allen Umständen folgen.

Weil die Erziehung im Seminar ganz auf das Ziel des Priestertums ausgerichtet war, wurde dem Seligen diese Stätte so lieb und vertraut, daß er später oft und mit freudig glänzenden Augen von ihr sprach.

Er studierte eifrig und gewissenhaft. Den geistlichen Vorstehern des Seminars und den Professoren des Gymnasiums brachte er große Ehrfurcht und pünktlichen Gehorsam entgegen. Seinen Mitschülern war er ein

1908 im Knabenseminar Hollabrunn,
massig der Kopf, hoch die Stirn.

immer gleich freundlicher, stets hilfsbereiter, guter Kamerad, den alle gut leiden konnten.

Jegliche Eitelkeit war ihm fremd. Sein ganzes Streben war es, Gott immer mehr zu gefallen und Ihm auf diese Weise seine Liebe und seine Dankbarkeit für die ihn so sehr beglückende Berufung zu zeigen.

Inniger Gebetsgeist

Zum Tisch des Herrn ging Franz Alexander Kern täglich. Dort holte er sich die Kraft, auf dem Pfad der Tugend immer mehr voranzuschreiten, und die Erkenntnis dessen, was ihm zum Heil diene. Zu dem in der Brotgestalt verborgenen Jesus eilte er, sooft ihm dies nur möglich war. – Dies war ja seine große Freude im Seminar, daß der Heiland mitten unter ihnen lebte.

Bei Ihm, vor dem Tabernakel, war er oft und oft zu finden. Er war häufig so sehr ins Gebet versunken, daß man ihn holen mußte, weil ihm einfach das Zeitgefühl entschwunden war.

Seine Kameraden und Freunde wunderten sich immer wieder über diesen innigen Gebetsgeist.

Der Sühneopfergedanke

Vor dem Tabernakel lernte der Selige auch, daß sich die wahre Liebe vor allem im Opfer und im Verzichten-Können zeigt. Es begann in seinem Leben der Opfergedanke Raum zu gewinnen, der später zum Sühneopfergedanken wurde.

Sein liebeglühendes Herz drängte ihn, dem Heiland, dem *„Bräutigam seiner Seele"*, wie er gerne sagte, etwas anzubieten, Ihm zu schenken.

So weihte er, kaum vierzehn Jahre alt geworden, dem Herrn seinen Leib durch das Gelübde der Jungfräulichkeit, das er im Jahre 1911 zunächst auf ein Jahr ablegte. Ein Jahr darauf, am 21. April 1912, erneuerte er es für sein ganzes Leben.

Im gleichen Jahr trat er auch in den Dritten Orden des heiligen Franziskus ein, um fortan diesem Heiligen im Geiste der Armut und Selbstentäußerung nachzustreben.

Dabei erhielt er den heiligen Bischof Eligius, geboren um 588, zum Schutzpatron. Sein Fest wird am 1. Dezember gefeiert. Eligius war zuerst Goldschmied und Münzmeister am Hofe. Er kaufte zahlreiche Sklaven frei, gründete Kirchen und Klöster.

Während der Jahre im Knabenseminar wurde an Franz Kern eine innige Liebe zum Heiland bemerkt, die sich im Opfer, in einem bewundernswerten Gebetsgeist und in einer stets gleichbleibenden Liebenswürdigkeit gegen seine Mitmenschen zeigte.

So tief seine Frömmigkeit auch war, so gewissenhaft er alle seine Pflichten erfüllte, er war dabei nie kopfhängerisch und langweilig, sondern einer der heitersten Schüler seines Jahrgangs.

Es gab kaum einen Spaß, bei dem er nicht dabei war. Oft hatte er selbst ganz tolle Einfälle, die sein sonniges, kindliches Gemüt widerspiegelten.

Man konnte ihm nie böse sein, da ihm alles fernlag, was den Nächsten kränken oder beleidigen konnte.

Tiroler Kaiserjäger für das Vaterland

Heimatliebe und Militärzeit

Das Tugendstreben des Seligen während seiner Militärzeit und des Einsatzes an der Front im Ersten Weltkrieg erlahmte nicht, sondern nahm im Gegenteil von Tag zu Tag zu.

Er mußte am 15. Oktober 1915 zum 59. Infanterie-Regiment nach Salzburg einrücken, von dem er im Jänner 1916 zum 4. Tiroler Kaiserjäger-Regiment transferiert wurde. Die Offiziersschule besuchte er in Vöcklabruck in Oberösterreich. Am 15. Mai 1916 ging es ab ins Feld nach Südtirol an die italienische Front.

Gott blieb auch während seines Militärdienstes der Mittelpunkt seines ganzen Denkens und Handelns. Fast täglich – an mehreren Tagen war er durch den Dienst daran gehindert – ging er auch als Soldat zur heiligen Kommunion und ministrierte bei der heiligen Messe, bis zu jenem Augenblick, da er an die Front kam, wo es ihm unmöglich war.

Diese Haltung trug ihm von Seite der Kameraden viel Spott und Hohn ein, was er aber geduldig ertrug, ohne daß er deswegen von seinem eingeschlagenen Weg abgewichen wäre.

Mit seiner Liebe zum Heiland im allerheiligsten Sakrament verband sich auch in dieser Zeit seine von ihm am meisten geliebte Tugend, die Herzensreinheit. Vor dem Tabernakel hatte er sie gelobt, vom Tabernakel holte er sich die Kraft, allen Versuchungen zu widerstehen und den Mut, bei seinen Kameraden alles Gemeine zurückzuweisen und solchem seine Mißbilligung auszusprechen.

Schutzengel der Kompanie

An der Front erweckte sein fester Glaube und die unerschütterliche Hoffnung solche Bewunderung, daß er von den Soldaten seiner Kompanie als „unser Schutzengel" bezeichnet wurde.

Bald nachdem Franz Kern an der Front eingetroffen war, sollten einige Soldaten auf Feldwache gehen. Als er sah, daß sich keiner meldete, bat er freiwillig um seine Kommandierung zur Feldwache. Dieser Bitte wurde auch entsprochen.

Da kniete der Selige nieder und bat Gott um Beistand und Schutz. Die Soldaten lachten ihn aus. Als ob nichts wäre, erhob sich der Selige vom Gebet und fragte die Männer, wer sich freiwillig melde, mit ihm zu gehen. Tatsächlich meldeten sich vier Männer, die ihn kleinlaut baten, er möge auch mit ihnen beten, damit sie heil zurückkämen.

Von da an meldeten sich immer, wenn Franz Kern die Feldwache hatte, freiwillig mehr Soldaten als gebraucht wurden.

Als der Selige nach seiner schweren Verwundung abtransportiert wurde, weinten die im Krieg hart gewordenen Männer und klagten, ihr „Schutzengel", ihr

„Heiliger", ihr „Fürsprecher bei Gott" verlasse sie. Acht Tage später wurde fast die ganze Kompanie aufgerieben.

Die Berufungstreue

Seiner Berufung zum Priestertum blieb der Selige auch während seines Einsatzes als Soldat treu.

In seinem Tagebuch findet sich am Sonntag, dem 10. September 1916, die Eintragung: *„Um 1/2 5 Uhr früh beginnt ein heftiges Artilleriefeuer und währt bis jetzt, 3/4 12 Uhr. Der Italiener will angreifen. Ich bin mit meinem Zug in einer Kaverne. Um 10 Uhr mußten zehn Mann davon der Feldwache Munition bringen. Einer wird schwer verwundet, der bald seine Seele zum Himmel schickt. Ich finde ihn leider schon in den letzten Zügen vor und kann nur mehr die Sterbegebete verrichten. Tut mir recht leid, daß ich nicht früher kam. Es ist recht traurig das."*

Die „Fanny-Tante", eine brave Witwe in Salzburg, war mütterlich um ihn besorgt. Bei ihr hatte er im Jahre 1915 gewohnt. Dafür blieb er ihr bis ans Lebensende Dank schuldig. Ihr und nach Hause schrieb er oft von der Schönheit des Priesterstandes, seinem heißen Verlangen danach, wie er als Priester überall und jederzeit die Ehre Gottes fördern wolle, wie er einmal nichts sparen wolle, um den Gottesdienst so schön wie möglich zu gestalten.

Am 1. Jänner 1916 hielt der damals noch vor Gesundheit strotzende junge Mann in der Sankt-Blasius-Kirche in Salzburg vor dem anläßlich des vierzigstündigen Gebetes ausgesetzten Allerheiligsten eine Ehrenwachestunde.

Franz Alexander Kern in Fahnrichsuniform.

Bei dieser bat er Jesus in seiner kindlichen Weise, recht viel für Ihn leiden zu dürfen.

Beginn der Karwoche

Erfüllung findet diese Bitte am 11. September 1916. An diesem Tag beginnt die *„Karwoche"* – wie er selbst es nennt –, die fortdauern sollte bis zu seinem Tod.

Zu diesem Tag lesen wir im Tagebuch die kurze Notiz: *„Verwundet durch Gewehrschuß. Lungen- und Leberdurchschuß."*

Schwer verwundet schleppte er sich noch zu den Seinen zurück und übergab ordnungsgemäß den Befehl.

Am 13. September kam er ins Feldspital nach Folgaria, Vielgereuth. Die Wunde war verunreinigt worden, und so setzte ein blutig-eitriges Exsudat an.

Auch in den Fieberphantasien des Seligen klang durch, was seine Seele stets durchströmte. – Einmal begann er zu singen: *„Harre meine Seele, harre des Herrn, alles Ihm befehle, hilft er doch so gern. In Sturm und aller Not wird er dich beschirmen, der treue Gott."*

Den Kranken, den Schwestern und Ärzten kamen die Tränen, als sie dieses Gottvertrauen des Seligen selbst in seinen Fieberträumen aufklingen hörten.

Der Verwundete

Fast ein dreiviertel Jahr schwebte Franz Kern zwischen Leben und Tod. Schon damals mußte er sich einer ersten Operation unterziehen. Es hatte sich soviel

Leutnant Franz Kern verteidigte sein Heimatland.

Eiter angesammelt, daß, um den Abfluß zu erleichtern, ein sechs Zentimeter langes Stück einer Rippe herausgenommen werden mußte.

Seine Hauptpflegerin war damals eine Fürstin Schönburg, die sich gleich allen anderen, die es beobachten konnten, an seiner einem lebendigen Glauben entspringenden Geduld erbaute.

Die Liebe spricht an und wartet in unendlicher Geduld auf Gottes Antwort. Geduld gründet auf Selbstvertrauen.

Als in dieser Zeit einmal der Feldkurat ihm sagen mußte: „So, Herr Leutnant, jetzt geht's ans Sterben, halten Sie sich bereit!“, da nahm der Schwerkranke alle Kraft zusammen und rief: *„Nein, ich sterbe nicht, ich will Priester werden!“*

Und der Tod floh. So war Franz Kern jetzt der Weg ins Heiligtum freigegeben.

In den Monaten der Krankheit beschäftigte sich der Selige viel mit Gott und suchte seine Seele immer mehr auf das Priestertum vorzubereiten.

Sobald es sein Zustand erlaubte, empfing er wieder täglich die heilige Kommunion. Als er dazu imstande war, ministrierte er wieder bei der heiligen Messe und ging mit dem Priester, das Allerheiligste begleitend, zu den Schwerkranken. Täglich betete er den Rosenkranz und seine anderen gewohnten Gebete.

Später kam Leutnant Kern in ein Spital nach Salzburg, wo er sich mit der „Fanny-Tante“ viel über das von ihm ersehnte Priestertum unterhielt.

Der Selige wußte, daß Priesterhände Segenshände sind, die Himmel und Erde verbinden.

Vöcklabruck, Krankenhaus und Mütterheim der Schulschwestern.

Mit dem Heiland unter einem Dach

Im Jahr 1917 kam er nach Vöcklabruck und fand dort – wie schon im Jahr 1915 – bei den Schulschwestern liebevolle Aufnahme. In ihrem Kloster konnte er wieder mit dem Heiland unter einem Dach wohnen und vor dem Tabernakel dem Herrn sein Inneres eröffnen, denn innige Gottverbundenheit war Franz Kern eigen.

Er bat, die Kapelle schmücken zu dürfen. Darüber hinaus schaffte er von seinem Leutnantsgehalt – er hatte inzwischen auch die Silberne Tapferkeitsmedaille erhalten – manche Gegenstände zur Verschönerung der Kapelle an.

Wie überall die Menschen, die mit dem Seligen nähere Fühlung bekamen, durch ihn innerlich gehoben wurden, so erbaute er auch in Vöcklabruck die Schwestern durch seine Frömmigkeit und Andacht und durch sein kindlich reines Wesen.

Im Wiener Priesterseminar

Der Selige suchte, als er im Oktober 1917 krankheitshalber vom Militärdienst beurlaubt wurde, keine Erholung, sondern trat – der Sehnsucht seines Herzens folgend – sofort in das Wiener Priesterseminar, Großes Seminar, ein, um das Studium der Theologie zu beginnen.

Wenn der Selige auch wußte, daß er nach Ablauf seines Krankenurlaubes im Februar 1918 wieder in den Kampf hinaus mußte, sah er sich im Wiener Alumnat doch dem Priestertum, nach dem seine Seele brannte, näher. Franz Kern war glücklich, sich wenigstens einige Monate der unmittelbaren Vorbereitung darauf widmen zu können.

Während der Unterbrechung durch neuerlichen Kriegsdienst trug er unter der Uniform das Kleriker-Kollar. Sofort nach der Entlassung vom Militär kehrte er wieder in das Seminar zurück. Auf einer Ansichtskarte mit dem Bild des Wiener Priesterseminars schrieb er einem Bekannten: *„Mein liebes Wiener Alumnat, wo Fried und Freude ewig blüht und Gottes Näh das Herz durchglüht.“*

Das alles brachte dem jungen Kern der Krieg. Er faßte es als Vorbereitung auf.

Die Mühsale und Leiden

Nach seinem Eintritt ins Seminar schrieb er einem Freund: „*Ich habe gelitten. Ich fühle mich sehr glücklich, so ähnlich wie nach einer guten Handlung, und glaube nun wenigstens einigermaßen geläutert in die heiligen Hallen des Priestertums eintreten zu dürfen. Ich freue mich, einen kleinen Erziehungskurs in der Rennbahn des weiten, großen öffentlichen Lebens gemacht zu haben. Ich habe gesehen, wie wenig Ideale die Welt besitzt und gelernt, wie schön es ist, trotz äußerer Verachtung beim göttlichen Herzen in die Schule zu gehen.*"

Mit großem Eifer ging Franz Kern an die Vorbereitung. „*Willst du ein Leben voll Gottesglanz, dann werde ein Priester, und werde es ganz*", sagte er.

Trotz seiner schwachen Gesundheit und seines oft auftretenden Bluthustens studierte er bis spät in die Nacht, um den Stoff zu bewältigen. Er wollte als Priester in der heiligen Wissenschaft voll daheim sein.

Bitte um Erleuchtung

Innig war sein Verkehr mit Gott in der heiligen Kommunion und im häufigen und langen Gebet. Da bat er um Erleuchtung, seine Fehler und Schwächen zu erkennen, und um die Kraft, aus sich ein möglichst getreues Abbild des Priesterkönigs Jesus Christus zu machen.

Ins Priesterseminar eingetreten, eroberte sich der Selige rasch die Liebe seiner Mitalumnen. Denn fröhlich, dienstbereit und liebenswürdig war und blieb er.

Franz Kern als Alumne des Wiener Priesterseminars.

Auch seinen kindlichen Übermut, der seiner reinen Seele entquoll, hatten weder Militärzeit noch Krankenlager gemindert. Viel trug er zu Unterhaltungen und zur Fröhlichkeit bei.

Den Statuten des Hauses folgte er gewissenhaft. Seinen Vorgesetzten hing er mit großem Vertrauen an.

Sein Beitritt zur Studentenverbindung

In diese Zeit fällt auch der Eintritt des Seligen in die Katholisch-österreichische Studentenverbindung „Amelungia" im großen ÖCV, Cartell-Verband, an der er im Rahmen der von den Statuten des Hauses und den Weisungen seiner Vorgesetzten gegebenen Möglichkeiten großen Anteil nahm. Sein Couleurname war Amfortas.

Er trug dort durch Wort und vor allem sein Beispiel viel zur Vertiefung der dem CV eigenen Prinzipien, Katholische Lebenshaltung, Liebe zum Vaterland, wissenschaftliche Bildung, gefördert durch die Lebensfreundschaft der Mitglieder, wesentlich bei.

„Niemals zurück!"

Angeregt wurde er zu seinem CV-Beitritt durch den Subregens des Seminars, den späteren bekannten Erneuerer der Seelsorge Prälat Karl Rudolf.

Amelungias Devise „Niemals zurück!" hatte für den Theologiestudenten eine besondere Bedeutung.

„Wer jedoch bis zum Ende standhaft bleibt, der wird gerettet." (Mt 24, 13)

Franz Alexander Kern
in der katholischen Studentenverbindung „Amelungia“.

Jakob Kern und seine ersten Ordensjahre

Motivierung zum Klostereintritt

Geleitet vom Sühnegedanken trat Franz Kern im Jahre 1920 in die Prämonstratenser-Abtei Geras im Waldviertel in Niederösterreich ein, stets bestrebt, die Pflichten eines Ordensmannes gewissenhaft zu erfüllen.

Nach den Revolutionstagen Ende 1918 waren für die Kirche im neugebildeten Staat der Tschechoslowakei schwere Zeiten heraufgezogen. Von übertriebenem Nationalismus, Ehrgeiz und Leidenschaft getrieben, erkühnten sich selbst Priester und Ordensleute, von der Kirche Jesu Christi abzufallen und bei der Gründung einer tschechischen Nationalkirche mitzutun.

Einer der Führer dieser neuen tschechischen Nationalkirche war der Priester Zahradnik aus dem Prämonstratenser-Orden, welcher der Abtei Strahov in Böhmen angehörte. Ihm folgten Tausende von Gläubigen ins Verderben.

Da entstand im Seligen der Entschluß, sich im Prämonstratenser-Orden dem Herrn als Sühneopfer anzubieten. Über ein Jahr wurde er aber noch von seinem Seelenführer an der Ausführung dieses Entschlusses gehindert, da dieser wollte, daß der Selige sich prüfe, ob ernstes Überlegen oder bloßes Gefühl dieses Wollen herbeigeführt hätte. Als ihm nach diesem Jahr klar wurde, daß der Herr den Seligen rufe, gab er seine Einwilligung.

Der Priester und Ordensmann Dr. Isidor Bogdan Zahradnik, erster Eisenbahn-Minister der CSSR und später Direktor der Hypothekenbank in Prag. Er wurde abtrünnig. Für ihn sprang Franz Kern im Sinne der Sühneleistung ein.

In Stille dem Herrn dienen

Der Selige wußte aus Erfahrung, daß der Herr ein Anerbieten, Sühneopfer sein zu wollen, gerne annimmt und machte sich auf viele Leiden gefaßt. Als später das Leiden tatsächlich fast überschwer auf ihm lastete, hörte niemand ihn klagen oder sagen, daß es ihn reue, dieses Opfer auf sich genommen zu haben.

Durch einen Mitalumnen auf die Prämonstratenser-Abtei Geras im Waldviertel in Niederösterreich aufmerksam gemacht, wurde dem Seligen im Gebet bald klar, daß der Herr ihn dahin rufe. Dort wollte er still und von der Welt unbeachtet dem Herrn dienen.

So nimmt Franz Kern Abschied von seiner ihm teuren Heimatstadt Wien und seinen Freunden und wird Novize in der 1153 gegründeten Abtei Geras.

Bei der Einkleidung am 18. Oktober 1920 erhält er den Namen Jakob, nach einem heiligen Märtyrer des Prämonstratenser-Ordens, dessen Fest am 9. Juli gefeiert wird.

Das Noviziatsjahr

Der Selige benutzt es voll Eifer dazu, an seiner Seele zu arbeiten, der Welt zu sterben, die Ordensgeschichte kennenzulernen, in das Ordensleben hineinzuwachsen und den Geist der heiligen Väter seines Ordens, Augustinus und Norbertus, in sich aufzunehmen.

An seine Schwester – die Mutter war 1919 gestorben – schreibt er, daß ihm das Noviziat ein Labsal sei, da er bisher in seinem Leben noch nie soviel Zeit gehabt habe,

Prämonstratenser-Chorherrenstift Geras,
eine Welt des Friedens und des Gebetes tut sich auf.

mit seinem lieben Jesus Zwiesprache zu halten und seine geliebte himmlische Mutter, „Unsere Liebe Frau von Geras“, anzuflehen, ihm bei seiner Vervollkommnung tatkräftigst zu helfen.

Sein Abt schreibt über ihn: „Den Sühnegedanken, den er als eifriger Verehrer des Herzens Jesu schon lange tief in sich aufgenommen hatte, pflegte er durch den Eintritt in die Schar der Opferseelen, die sich ohne Rückhalt dem anbetungswürdigen Herzen Jesu überlassen, auf daß es ganz nach Seinem Wohlgefallen über sie verfüge. Im voraus willigen sie ein, im Geiste der Sühne alle körperlichen und seelischen Leiden und Prüfungen anzunehmen, mit welchen das göttliche Herz Jesu sie heimzusuchen für gut findet.“

Auch als Novize lag ihm der Schmuck der Abteikirche am Herzen. Er freute sich immer, wenn es ihm erlaubt wurde, die Altäre zu schmücken.

Die einfache Profeß

Am 20. Oktober 1921 durfte der Selige die einfache Profeß ablegen. Sein Abt Aemilian Greisl hielt dabei eine Ansprache über das Thema: Justum deduxit Dominus per vias rectas et ostendit illi regnum Dei. – Den Gerechten hat der Herr auf den richtigen Pfad gelenkt und ihm das Reich Gottes gezeigt.

Kurz rückblickend auf das Leben des Professen, führte der Abt aus, wie Gottes Gnadenhand es war, die ihn an den Profeßaltar geleitete. Er gab der großen Freude Ausdruck, daß er ihn nun den Professen eingliedern dürfe.

Ein altehrwürdiges Gnadenbild:
„Unsere Liebe Frau von Geras", Helferin in Nöten.

Im Noviziatsjahr habe der Selige bewiesen, daß der Ordensstand der richtige Pfad für ihn sei, auf den ihn der Herr geführt habe. Frater Jakob habe auch allen Mitbrüdern durch sein Tugendbeispiel vorangeleuchtet.

Mit einer Innigkeit und einer heiligen Freude, wie sie selten gefunden werden, sprach der Selige die Profeßformel, in der er Gott sein ganzes Sein, seinen Verstand, seinen Willen, sein Herz und seinen Leib hingab, und die ihn an die Abtei Geras band. Wie von himmlischem Glanz umgeben kniete er vor dem Altar.

Was der Selige hier Gott im Angesicht der Kirche gelobt hatte, das hat er bis zum letzten Atemzug treu gehalten. Er war glücklich wie noch nie.

Nach der Profeß schickte der Abt den Seligen wieder in das Wiener Priesterseminar, damit er von dort aus seine Studien an der Wiener Universität beende.

Die Priesterweihe

Jakob Kern hatte im Juli 1922 seine theologischen Studien abgeschlossen. Nach den kirchlichen Vorschriften hätte er erst nach der feierlichen Profeß zum Priester geweiht werden können.

Der Abt von Geras erklärte sich aber bereit, ihn schon als einfachen Professen zur Priesterweihe zuzulassen und suchte Wege, dem Seligen die heißersehnte Priesterweihe zu ermöglichen. Infolge vieler Interventionen des Prokurators des Prämonstratenser-Ordens in Rom bei den zuständigen Heiligen Kongregationen und dem Heiligen Vater selbst und der Erklärung des Kardinal-

Erzbischofs von Wien, ihn in seine Diözese aufzunehmen, falls er aus irgendeinem Grund das Kloster verlassen müsse, wurde die Erlaubnis erteilt.

Am 23. Juli 1922 fand die größte Sehnsucht des Seligen Erfüllung. An diesem Tag weihte ihn der Erzbischof von Wien, Friedrich Gustav Kardinal Piffl, im Dom zu Sankt Stephan in Wien zum Priester.

Wer die Andacht beobachtete, mit der Jakob Kern dieses heilige Sakrament empfing, der war von Staunen wahrhaft ergriffen. – Wer die Freude aus seinen reinen Jünglingsaugen leuchten sah, freute sich mit ihm.

Primizfeier in Vöcklabruck

Endlich war es soweit, ein langgehegter Wunsch sollte in Erfüllung gehen. Am 1. August 1922 konnte der Selige sein erstes heiliges Meßopfer bei den Schulschwestern in Vöcklabruck feiern.

Schwestern und Gläubige freuten sich, da sie den unschuldsvollen jungen Mann, den stillen Beter und stets heiteren Offizier liebgewonnen hatten. Die Verehrung, die sie ihm, an dessen Frömmigkeit sie sich so oft erbaut hatten, entgegenbrachten, wollte ihm diesen Tag so schön wie möglich machen.

Während die Bürgersfrauen von Vöcklabruck ihre Goldhauben und die wundervolle alte oberösterreichische Volkstracht zurechtlegten, hatte der Selige aber bittere Stunden durchzumachen. Er überwand diese nur durch sein starkes Gottvertrauen, das größer als alle Schmerzen und Ängste war.

Eine Schwester berichtete

„Der 1. August war einer der größten Ehren- und Freudentage für das Kloster der Schulschwestern. Hier an seinem Lieblingsplätzchen, wo er während der Soldatenzeit oft so innig gebetet und seine Sehnsucht nach dem Priestertum dem Heiland zu Füßen gelegt hatte, wollte er den glücklichsten Tag seines Lebens feiern. Die Kapelle war herrlich geschmückt.

Am Vortag wurde der Primiziant von seinem Prälaten in einem mit weißen Blumen wundervoll geschmückten Wagen abgeholt und in sein Zimmer geführt, das an diesem Tag einem Rosengarten glich.

Seine beständige Krankheit machte ihm manchmal Sorge, ob er diesen Tag wohl erleben werde. Oft drängte sich die Bitte auf seine Lippen: *‚Lieber Gott, laß mich nur so lange leben, bis ich einmal das heilige Meßopfer dargebracht habe.‘* Aber in seiner Ergebenheit fügte er hinzu: *‚Wenn es Gott anders will, ist es mir auch recht.‘*

Diese Sorge wurde bis zum letzten Augenblick vor der Darbringung seiner ersten heiligen Messe nicht von ihm genommen, und fast jeder Schritt, der ihn seinem Ziel näherbrachte, war mit Leiden bezeichnet. War er doch von Jugend auf berufen, den Weg der Auserwählten, das heißt einen mit Dornen besäten Weg, zu gehen.

Die Nacht vor seiner Primiz gehört wohl zu den leidvollsten seines Lebens. Ein förmliches Blutbrechen drohte das schöne Fest in letzter Stunde noch zu vereiteln. Aber sein starker Wille und seine heilige Begeisterung und Sehnsucht siegten über die Schwäche

1. August 1922 – Primizfeier bei den Schulschwestern in Vöcklabruck.

seines Körpers, und ohne Zwischenfall vollzog sich die erhabene Feier.

Als ob er keine Spur von Müdigkeit fühle, erteilte er nicht nur den Primizgästen den Segen, sondern auch allen Mitgliedern des Klosters. Er ging sogar in die Krankenzimmer, um jede einzelne Kranke zu segnen.

Die ganze Feier war gehoben, im vollsten Sinn des Wortes. Und von der Person des Primizianten ging, man möchte fast sagen: ein Schimmer von Heiligkeit und zarter Jungfräulichkeit aus, der alle Teilnehmer tief ergriff.

Man fühlte es, was es Hohes und Schönes sei, wenn ein heiliger Priester in seiner strahlenden Herzensreinheit am Altare steht. Allen wird diese Feier unvergeßlich bleiben, was man aus den Worten vieler entnehmen konnte. Selbst ein Nichtkatholik, der der Feier beiwohnte, äußerte sich: ‚So etwas kann nur die Liebe schaffen!'

So verfloß der Tag des ersten heiligen Meßopfers des Diener Gottes nach außenhin in ungestörtem Glanz und seliger Freude. Nur ihm selbst, dem Mittelpunkt des Festes, war auch dieser Tag ein Tag der Opfer und der stillen Leiden, deren Größe Gott allein bekannt ist.

Als jemand Jakob Kern gegenüber die Bemerkung machte, warum denn auch in diesen Freudenbecher ein so bitterer Tropfen gegeben ward, sagte dieser mit liebenswürdigem Lächeln: *‚So ist es recht für mich, ich habe es nicht anders erwartet. Keine Freude auf Erden ist ungetrübt, wenn es auch die reinste und heiligste ist. Der Primiztag kommt mir vor wie der Palmsonntag. Der Einzug in Jerusalem, überall Festjubel. Nun geht es hinein in die Karwoche.'"*

Über das Priesterwirken des Seligen

Ein eifriger Prediger

Der Priester Jakob Kern scheute keine Mühsal und nahm jedes Leiden auf sich, um – gemäß dem Auftrag seines Abtes und der ihm vorgesetzten Oberen – als Priester den Gläubigen zu dienen und die Seelen zu Gott zu führen.

Bereits als Diakon hielt er am 11. Juli 1922, dem Fest des heiligen Norbert, des Stifters des Prämonstratenser-Ordens, in der Basilika „Unsere Liebe Frau zu Geras" seine erste Predigt.

Einige Tage nach seiner Primiz schon predigte er in dem Wallfahrtskirchlein Maria Schnee bei Drosendorf.

Von da an finden wir ihn immer wieder auf der Kanzel der Basilika und Abteikirche zu Geras. – Die Zahl der Zuhörer wuchs ständig, weil man erkannte, daß ihm nicht bloß die Gabe der Rede gegeben war, sondern daß alles, was er sagte, aus seinem Herzen kam und sein ganzes Wesen widerspiegelte.

Der Erfolg seiner Predigten war auch deutlich in einem Zunehmen der Beichten zu erkennen.

Nach auswärts wurde Jakob Kern ebenfalls gern als Prediger gerufen, zum Anbetungstag nach Trabenreith, zum Rosenkranzfest in die Dominikanerkirche in Retz und in viele andere Kirchen der Gegend.

Der Selige folgte bereitwillig allen diesen Einladungen, obwohl beständig die Furcht in ihm war, ein Blutsturz könne seine Predigt unterbrechen und ihn an den Rand des Grabes bringen.

Aus seinem lebendigen Glauben heraus gelang es ihm, viel Glaubensfreudigkeit in den Menschen zu wecken.

Was er tat, das tat er ganz

Er nahm alle ihm übertragenen Pflichten sehr ernst. Nicht bloß bei schöner Witterung, sondern auch bei schlechtestem Herbst- und Winterwetter ging er trotz seines Blutspuckens in die Filialkirchen der umliegenden Ortschaften, um für die dortigen Gläubigen die heilige Messe zu zelebrieren. Er achtete nicht auf seine Kräfte, sondern auf die Bedürfnisse der Seelsorge.

Dabei kam es oft vor, daß er sich während der heiligen Messe vor Schwäche und Müdigkeit matt auf einen Stuhl niedersetzen mußte.

Alle, die den jungen Priester das heilige Meßopfer darbringen sahen, bewunderten den tiefen Glauben und die glühende Andacht, mit denen er stets dieses heiligste Werk vollbrachte.

Im Schuldienst tätig

Außerdem war der Selige eifrig in der Schule tätig. Auch hier scheute er keine Beschwerde und keine Witterung, um die Religionsstunden in den auswärtigen Schulen pünktlich zu halten.

Jakob Kern als Prämonstratenser-Chorherr.

Das Wort seines Herrn und Meisters: „Lasset die Kleinen zu mir kommen“ war das Leitmotiv seiner Lehrtätigkeit und Kinderseelsorge.

Um den Samen des Wortes Gottes in die Kinderherzen zu legen und dort zu pflegen, ließ er es nicht bei den Schulstunden bewenden. Er gab sich auch sonst in seiner freien Zeit gerne mit den Kindern ab. Er gründete eine Marianische Kinderkongregation, um mit ihrer Hilfe die Kinder durch Maria zu Jesus zu führen.

In der Jugendarbeit

Sehr viel Zeit widmete der Selige der männlichen Jugend. Er sammelte diese im katholischen Burschenverein, dem Reichsbund der katholischen Jugend Österreichs. Er war sehr bemüht, aus den Burschen brave katholische und vaterlandsliebende Männer zu machen. Die Gründung eines Gauverbandes dieser Vereine lag Jakob Kern am Herzen.

Der Krankenseelsorger

Der Selige nahm sich in wahrhaft priesterlicher Liebe der Kranken in der Pfarre an. Wurde er zu einem Versehgang gerufen, so eilte er trotz seines schweren Leidens laut betend zu dem Kranken, so sehr, daß die ihn Begleitenden kaum mit ihm Schritt halten konnten.

Es war ihm hier kein Weg zu weit und keine Stunde zu unbequem. Er besuchte auch häufig die Kranken, um sie zu trösten und mit ihnen zu beten.

Im Beichtstuhl

Eine wahrhaft königliche Liebe schenkte der Selige vor allem den Menschen, die im Beichtstuhl durch ihn Versöhnung mit Gott suchten.

Am Jüngsten Tag wird offenbar werden, wie viele Seelen er ins Vaterhaus Gottes heimgeführt hat. Das Beichthören war seine liebste Aufgabe.

So ist es nicht zu verwundern, daß die Gläubigen von seinen Lebzeiten bis zur Gegenwart vom Seligen mit größter Liebe und Achtung reden und daß alle, die sein hingebungsvolles Wirken erleben durften, ihn als heiligmäßigen Priester bezeichnen.

Dem Lotos oder der Seerose wurde seit Urzeiten her die Kraft zugestanden, das Denken der Menschen aus der Niedrigkeit in das Erhabene zu lenken.

SEIN LETZTER LEBENSABSCHNITT

Operation ohne Narkose

Jakob Kern mußte in den letzten Monaten seines Lebens furchtbarste Schmerzen erdulden, die er im Geist der Sühne auf sich nahm und Gott aufopferte.

Zur Osterzeit 1923 verkühlte er sich durch stundenlangen Aufenthalt im Beichtstuhl schwer, was ein erneutes Bluthusten hervorrief. Am 1. Mai desselben Jahres hielt er trotzdem noch die Maipredigt.

Da erfolgte am 2. Mai ein heftiger Blutsturz und bald ein zweiter. Die Wunde seiner Kriegsverletzung hatte wieder zu eitern begonnen und verschlimmerte sich derart, daß er am 10. August 1923 nach Hollabrunn ins Spital gebracht werden mußte.

Die Untersuchung ergab die Notwendigkeit, eine Operation vorzunehmen. – Es mußten vier Rippen extrahiert werden.

Durch zwei Stunden hatte der Selige entsetzliche Schmerzen durchzustehen, da die Operation wegen seines schwachen Herzens ohne Narkose durchgeführt werden mußte. – Ohne einen Schmerzenslaut von sich zu geben, ertrug er alles.

Nur das Tuch, das er in den Mund genommen hatte, hat er vor Schmerz ganz zerbissen. Als der Arzt ihm nach der Herausnahme von drei Rippen sagte, daß er noch ein viertes Stück entfernen müsse, entschuldigte sich Jakob Kern in humorvoller Weise, daß er ihm so viele Mühen verursache.

Sobald er aufstehen durfte, besuchte er die anderen Kranken im Spital, segnete und tröstete sie und suchte ihnen ihre Schmerzen hinwegzuscherzen. Alle waren erstaunt über den Heldenmut, mit dem er seine eigenen Schmerzen ertrug.

Gepflegt von einer Herz-Jesu-Schwester

Nach der Operation stellte sich eine kleine Besserung ein, doch erschien es notwendig, daß er den Winter über einen Aufenthalt im Süden nehme.

In der Zeit vor seiner Operation und nachher bis zu seiner Abreise war er unter der sorgsamen Pflege einer Herz-Jesu-Schwester aus der Keinergasse in Wien, die von seiner Frömmigkeit und Geduld, seinem Starkmut und seiner großen Dankbarkeit tief beeindruckt wurde.

Auf Kur in Meran

Den Winter 1923/24 über verbrachte der Selige einige Monate bei Schwestern in der Marienherberge zu Meran. Man hoffte, ihn, wenn schon nicht ganz geheilt und gesund, so doch arbeitsfähig in sein Kloster zurückkehren zu sehen.

Auch in Meran eroberte er sich durch seine stets gleichbleibende Heiterkeit und seine kindliche Frömmigkeit die Herzen der Schwestern und der Kurgäste.

Die Marienherberge der Kreuzschwestern in Meran.

Er ruhte nicht, für die Ehre Gottes und die unsterblichen Seelen zu arbeiten und neue Pläne auszudenken.

Schon in seinem ersten Bericht aus Meran sagte er voll Freude, daß sein Zimmer nur einige Schritte von der Kapelle entfernt sei.

Einige Wochen später konnte er schreiben: *„Täglich bete ich wieder einige Teile vom Brevier und bin überglücklich darüber. Das ganze Brevier zu beten ist mir noch zu beschwerlich, und ich muß jedwede Anstrengung meiden. Täglich am Altare Engeldienste verrichten zu dürfen und den Heiland zum Nachbarn zu haben, das ist wohl zu all dem Guten und Schönen da die Krone und in seiner Gänze eine herrliche Revanche für das bißchen Leiden, das ich hatte.“*

Ein Lichtblick für ihn

Es war dies das Weihnachtsfest. Kindlich freute er sich über die schlichte Weihnachtsfeier, die die Schwestern bereiteten. Er versäumte auch nicht, mit einigen Worten die Gedanken zum göttlichen Kind hinzulenken.

Er berichtet darüber: *„Nach dem Essen öffneten sich die beiden großen Flügeltüren des benachbarten Saales, in dessen Mitte ein großer, prächtiger Christbaum erstrahlte. Vor einer Krippe spielten kleine Mädchen als Engelein und Kobolde ein sinniges Stückchen, und nach einigen Weihnachtsliedern sprach ich einige Worte über Weihnachtsfrieden und Weihnachtsfreude. Am Christtag feierte ich drei heilige Messen ohne böse gesundheitliche Nachwirkungen. Am Neujahrstag schob ich bei meiner heiligen Messe eine Zehn-Minuten-Predigt ein.“*

Am Ostersonntag predigte er und hielt sogar ein Hochamt, obwohl das für ihn eine große Anstrengung sein mußte. Dennoch schrieb er: *„Ich war sehr glücklich darüber. Wenn man als junger Priester ohnehin die Hände müßig im Schoße liegen haben muß, so ist eine derartige Unterbrechung doch ein Trost für die vielen bitteren Stunden des Krankseins.“*

Rückkehr nach Geras

Als sich der Zustand des Seligen einigermaßen gebessert hatte und sein Kräftezustand ein zufriedenstellender war, konnte er Mitte Mai 1924 von Meran Abschied nehmen, um nach Geras zurückzukehren.

In Salzburg unterbrach er die Reise, um der „Fanny-Tante" einen Besuch zu machen.

Diese berichtet darüber: „Als Herr Jakob im Mai von Meran kommend einen Tag und einen Abend bei mir wohnte, habe ich ihm zweimal die Wunde verbunden, denn er sagte, wenn ich keinen Ekel habe, wäre es ihm schon lieber, wenn ich es machen würde. Als ich aber sah, wie der Eiter wie durch einen Kanal aus der Wunde floß, da habe ich mich ganz entsetzt und konnte nur immer sagen: ‚Du armer, armer Märtyrer.'

Da sagte er ganz ernst, und das werde ich nie vergessen: *‚Ich bin nicht arm. Weißt Du denn nicht, daß Gott immer und zu allen Zeiten Menschen braucht, die einen zum Arbeiten, die anderen zum Leiden? Und wenn mich der Heiland zum Leiden bestimmt hat, bin ich bereit, solange es der Herr haben will.'"*

In seine Abtei heimgekehrt

Da widmete er sich wieder, soweit ihm dies erlaubt wurde, der Seelsorge. Es dauerte aber nicht lange, da trat eine Verschlimmerung seines Zustandes ein, die schließlich zum völligen Zusammenbruch führte.

Seine letzte Predigt hielt der Selige am 20. Juli 1924. Es hatte sich neuerlich Eiter in größeren Mengen in seiner Wunde angesammelt, sodaß er nach Wien ins Spital mußte, um sich dort einer weiteren Operation zu unterziehen. Diese wurde im September vorgenommen.

Es wurden wieder vier Rippen extrahiert. Bald aber zeigte sich die Notwendigkeit, sobald er wieder einige

Kräfte gesammelt hatte, noch eine Operation vorzunehmen. – Wie der Selige es voraussagte, erwachte er aus dieser dann nicht mehr.

„Wenn nicht die Liebe Gottes wäre“

Alle diese Leiden trug der Selige aus Liebe zu Gott. *„Wenn es der Herr haben will, so will ich darüber nicht traurig sein“*, sagte er selbst dazu. Und: *„Es ginge wirklich nicht mehr, wenn nicht die Liebe Gottes wäre und ich Gott nicht so gern hätte.“*

Die Liebe Gottes gibt Kraft.
Auch in dunklen Stunden darf man nicht verzagen!

3

TUGENDLEBEN

Der tiefe Glaube des Seligen Jakob Kern

Glaube ist Gnade

Das menschliche Leben braucht Wärme. Auch der Geist entfaltet sich nur in einer geistigen Atmosphäre der Wärme. Das Wort „Charis", mit dem das Neue Testament die Gnade bezeichnet, meint die Atmosphäre der übernatürlichen Wärme.

Mit diesem Wort ist aber allgemein das Heil Gottes gemeint, das in Christus für die Menschen Wirklichkeit geworden ist.

Will der Mensch menschenwürdig leben, wird er aus dem Glauben leben. Die Wurzeln und die Luft der Liebe sind Glaube. Glaube aber ist Gnade und Ringen. Man glaubt mit der ganzen Person, mehr jedoch mit dem Herzen als mit dem Kopf.

Gnade ist Liebe. Liebe entsteht und wächst in der Begegnung, im Zusammenhalten, im Einsatz. So erlebt der Christ bewußt seine Wirklichkeit.

Die Tugend des Glaubens

Diese Tugend hat der Selige im heroischen Grade geübt. Von Kindheit an dankte er der göttlichen Vorsehung für die unverdiente Gnade des Glaubens.

Er betonte immer wieder, welch großes Glück es sei, der heiligen Kirche angehören zu dürfen.

Die Natur strahlt beglückende Wärme aus.

Die Ehrfurcht vor Gottes Majestät

Bereits als Kind kniete Franzl nieder und betete den Herrn daheim und in der Öffentlichkeit an.

Seinem lebendigen Glauben entstammt seine von kindlicher Liebe getragene Gottesfurcht, die ihn in der kleinsten Sünde ein ärgeres Unglück als es der Zusammenbruch der ganzen Welt sein könnte, erblicken ließ.

Wenn es galt, den Glauben offen zu bekennen und für ihn einzutreten, schreckte der Selige vor nichts zurück.

Durch das furchtlose Bekennen seines Glaubens verstand er es, daß Kinder und Erwachsene sich häufig zu schämen begannen und, durch das Verhalten des Seligen bewogen, die Kirche besuchten.

Beim Militär brachte ihm sein offenes Bekennen des Glaubens, sein Zurückweisen des Gemeinen, sein Beten, sein Kommunizieren und bei der heiligen Messe Ministrieren oft von seiten seiner Kameraden Spott und Hohn ein. Er opferte aber alles seinem Herrn und Heiland auf und änderte nichts an seinem Tun.

Der Glaubenseifer des Seligen

Dieser tat sich vor allem in seinem stets wachsenden Gebetseifer kund. Schon als kleiner Student im Knabenseminar der Erzdiözese Wien zu Hollabrunn war er oft so ins Gebet versunken, daß man ihn holen mußte. Dabei hatte er keine Ahnung davon, daß ihm der Heiland damit die besondere Gnade des inneren Gebetes geschenkt hatte.

In diesem Seminar wurde er wegen seiner glockenhellen Stimme dem Sängerchor, der sogenannten „Chorschule“, eingereiht. In den ersten Jahren seiner Seminarzeit war er Sopran-, in den späteren Jahren Baßsolist.

Während der Pausen bei Proben und Aufführungen der „Chorschule“ zog er sich am liebsten in einen stillen, einsamen Winkel zurück, um dort zu beten.

Auch im Großen Seminar erweckte das versunkene Gebet des Seligen die Bewunderung seiner Mitalumnen. Dieser Gebetseifer des Seligen erlahmte nie, sondern wuchs bis zu seinem Tod immer mehr und mehr, so daß viele sich daran erbauten und ein Beispiel nahmen.

Bekenntnis des Glaubens

Das Kreuzzeichen, das „Ehre sei dem Vater“ und das Glaubensbekenntnis liebte der Selige von Jugend auf als Gebete, durch die die allerheiligste Dreifaltigkeit in besonderer Weise gepriesen wird. Diese Gebete verrichtete er auch immer mit besonderer Innigkeit.

Glaube und Dankbarkeit ließen seine Stimme erbeben, wenn er auf die Menschwerdung des ewigen Wortes zu sprechen kam.

Jesus im Altarsakrament

Der Mittelpunkt des Glaubenslebens des Seligen war seine liebende Verehrung der heiligsten Eucharistie.

Die ehrfurchtsvolle Kniebeugung, mit der er den in der Brotsgestalt verborgenen Herrn grüßte, fiel an ihm schon auf, als er noch ein Kind war. Wenn man ihn späterhin brauchte und nicht wußte, wo er war, ging man ihn zuerst in der Kirche suchen. Dort fand man ihn meist vor dem Tabernakel kniend und tief ins Gebet versunken.

Bevor der Selige an die Front kam, erhielt er einige Tage Urlaub, um seine Angehörigen vorher noch einmal zu besuchen. Dabei mußte er immerhin daran denken, daß es ein Abschied für immer sein konnte. Dennoch fuhr er einen Tag vor Ablauf des Urlaubes von daheim fort, weil er in Salzburg eine Anbetungsstunde vor dem Allerheiligsten übernommen hatte und diese unbedingt halten wollte. – Jakob Kern schrieb diesem Opfer später die Errettung aus der Todesgefahr zu, damit er das Priesterziel erreichen konnte.

Seine Militäreinheit kam um halb zwei Uhr früh nach Schluderns. Als er nach kurzem Schlaf die Gegend besah, suchte sein Auge zuerst die Kirche. Er schreibt in sein Tagebuch: *„Eine nette, liebe Kirche zog mich gleich hin. Ist ja dort mein Liebstes auf dieser Welt, dem ich so gern dienen möchte."*

Franz Kern brachte während seiner Militärzeit große Opfer, um möglichst täglich die heilige Kommunion empfangen und ministrieren zu können. Als ihm dies an der Front unmöglich wurde, litt er sehr darunter. Doch er unterwarf sich auch darin dem Willen Gottes.

Die Sehnsucht nach dem Herrn

Während seines Militärdienstes mußte der Selige nach einer kleinen Operation am Knie einige Tage liegen. Dabei war sein größter Schmerz, daß er nicht zur heiligen Messe und zur heiligen Kommunion gehen konnte. Doch am Herz-Jesu-Freitag, der gerade in diese Zeit fiel, wollte er unbedingt mit seinem Heiland vereinigt sein und setzte es durch, daß ihm die heilige Kommunion gebracht wurde.

Er schreibt darüber in seinem Tagebuch: *„Freitag, 2. Juni. Um 5 Uhr früh bin ich schon wach. Ich beginne sofort mit der Vorbereitung. Um halb sieben Uhr klang das Glöcklein und bald darauf kam Er, den ich ja so liebe, und Er stillte mein heißes Sehnen. Wie bist Du doch so lieb, mein lieber Heiland! Dank Dir ewig dafür!"*

Nach seiner schweren Verwundung

Er kam ins Spital nach Salzburg. Es war das größte Glück des Seligen, daß er dort täglich die heilige Kommunion empfangen konnte. Sobald er dazu imstande war, ministrierte er auch wieder und ging, den Priester mit dem Allerheiligsten begleitend, zu den Schwerkranken. Täglich betete er auch den Rosenkranz und seine anderen gewohnten Gebete.

Als er dann im Kloster der Schulschwestern zu Vöcklabruck mit dem Heiland wieder unter einem Dach wohnen konnte und vor dem Tabernakel dem Herrn sein Inneres eröffnen konnte, war er darüber überselig. – Denn unsere Kirchen sind „Gottesinseln" in der Brandung des modernen Lebens.

Was er damals von seinem Sold ersparte, gab Franz Alexander Kern für den Schmuck des Hauses des Herrn.

Herz-Jesu-Verehrung

Mit großer Innigkeit verehrte der Selige das heiligste Herz Jesu. Schon als Knabe besuchte er regelmäßig am Nachmittag jedes dritten Sonntags im Monat die Herz-Jesu-Andacht für die Kinder der Pfarre, bestehend aus Predigt und sakramentalem Segen. Darüber hinaus bemühte er sich immer wieder, die anderen Kinder zu bewegen, an dieser Andacht teilzunehmen.

Auch im Kleinen Seminar in Hollabrunn fiel er durch seine innige Herz-Jesu-Verehrung auf.

Als Novize in Geras erbat er die Erlaubnis, an den ersten Freitagen und Sonntagen des Monats in der Abteikirche einen Herz-Jesu-Altar errichten und schmücken zu dürfen. Diese Übung behielt er auch späterhin bei.

Lebendige Marienliebe

Kindliche Liebe brachte Franz Alexander Kern der seligsten Jungfrau Maria entgegen. Schon als Kind war ihm nichts schön genug für den Maialtar.

Im Alter von zwölf Jahren fing er an, täglich den Rosenkranz zu beten. In den Oberklassen des Gymnasiums kam dann noch täglich das kleine Offizium von der seligsten Jungfrau Maria hinzu.

Während seiner Militärzeit finden wir in seinem Tagebuch die Eintragung: „*Freue mich schon sehr auf die Maiandacht um halb neun Uhr abends. Hier sind auch viele Innsbrucker Soldaten, freut mich sehr, mit Marienkindern zusammenzukommen.*“

Mariensäule vor der Jakob-Kern-Kapelle in Geras.

Im Alumnat kaufte er von seiner Verwundetenrente oft frische Blumen für den Maialtar. Als Novize in Geras errichtete er in der Abteikirche einen „wunderschönen" Maialtar, den er stets schmückte.

Als Priester gründete er in Geras eine Marianische Kinderkongregation, um mit Mariens Hilfe die Kinder zu Jesus zu führen.

Engel und Heilige

Eine besondere Verehrung hegte der Selige zu seinem heiligen Schutzengel und den heiligen Erzengeln Michael, Gabriel und Raphael.

Aus der Schar der Heiligen verehrte er besonders seine heiligen Namenspatrone Franz Xaver und Alexander, den heiligen Josef, den heiligen Apostel Judas Thaddäus, später auch die heiligen Väter des Prämonstratenser-Ordens Augustinus und Norbertus und den heiligen Märtyrer Jakob aus dem Prämonstratenser-Orden, dessen Namen ihm bei der Einkleidung gegeben wurde.

Der Künder Gottes

Besondere Ehrfurcht hatte der Selige vor der Bibel. Er pflegte die regelmäßige Schriftlesung.

Mit großer Hingebung widmete er sich der Verkündigung des Wortes Gottes von der Kanzel – von dort aus wird die durstige Seele gelabt –, im Beichtstuhl, in der Schule, in den katholischen Vereinen. „Ihr seid neu geboren worden, nicht aus vergänglichem, sondern aus

„Die Heiligen des Prämonstratenser-Ordens“ im Speisesaal des Geraser Chorherrenstiftes.

unvergänglichem Samen: aus Gottes Wort, das lebt und das bleibt.“ (1 Petr 1, 23) Dabei hatten alle, die ihn hörten, das Gefühl, daß alles, was er sagte, seiner innersten Überzeugung entsprach. So kam es, daß die Kirche voller Menschen war, wenn er predigte.

Norberti-Predigt

Seine erste Predigt hielt der Selige noch als Diakon am 11. Juli 1922 in der Abteikirche zu Geras am Ordensfest des heiligen Norbert. In ihr sprach er vom „lebendigen Glauben“.

Er führte aus: *„Ein bekannter katholischer Schriftsteller schrieb vor nicht langer Zeit die bedeutenden Worte: ‚Unsere Zeit braucht Heilige, und nur diese können uns retten!' Wenn Glaube und Sitte, Kirche und Volk in Not geraten, wenn sittliche Anschauungen verlorengehen und Unordnung, Unklarheit und Zerfahrenheit auf allen Gebieten herrscht, da sehnt man sich aus ganzem Herzen nach der sittlichen Größe eines Heiligen.*

Bei der Lieblosigkeit, die sich überall breit macht, und dem krassen Egoismus, der keine Rücksicht kennt, o da könnte man fast wie im Advent zum Himmel rufen: ‚Tauet Himmel den Gerechten, Wolken regnet ihn herab', jenen Gerechten, der große Gedanken und feste Grundsätze einer gedanken- und ideallosen Welt predigen kann.

Doch uns Katholiken braucht nicht bange zu sein. Unsere Kirche, von Christus dem Herrn selbst gegründet, ist ja nicht so arm wie die modernen Staaten, die erst gestern ins Dasein traten und viele Männlein aber keine Männer haben.

Unsere Mutter Kirche, die seit zweitausend Jahren so viele Völker in so manchen stürmischen Zeiten geleitet hat, braucht nur ihre Ahnengalerie auftun, und entzückt werden wir da die größten Männer und Frauen der Geschichte zu sehen bekommen, die mit ihren Grundsätzen auch uns im zwanzigsten Jahrhundert vieles zu sagen haben.

Wir müssen uns nur still zu Füßen unserer erhabenen Mutter niederlassen und lauschen, was sie uns alles von den größten ihrer heiligen Kinder zu erzählen weiß."

Ohne Zögern und Zaudern

„Eine große, ungeheure Ehre ist es, wenn uns Gott an Sein Wesen glauben läßt, wenn wir durch die Lehren der heiligen Kirche einen tiefen Blick tun dürfen in seine göttliche Vollkommenheit und wenn wir schließlich nach diesem Glauben leben und so unser ewiges Heil und Ziel erlangen können. Wenn wir aber das erkennen, so dürfen wir nicht mehr zögern und zaudern, sondern müssen gleich ganz zugreifen, ebenso wie es die Heiligen gemacht haben.

Hat nicht für uns so manche Gnadenstunde schon geschlagen, in der wir mehr als sonst die Stimme Gottes hören konnten? War es vielleicht bei unserer ersten heiligen Kommunion? Oder ein Unglück, das uns getroffen? Haben wir zur Zeit der Mission oder zur österlichen Zeit nie den Gedanken zur Besserung gehabt? Wohl uns, wenn wir damals sofort bei der Sache waren und großherzig dem lieben Gott gefolgt sind. Wenn nicht, so schieben wir es ja nicht auf, sondern fangen wir gleich heute an mit großem Herzen.“

Mit Recht sagt Leo der Große: „Wo ein Christ ist, da ist ein Brand.“

Praktisches Christentum leben

„Das erste ist beim lebendigen Glauben, daß wir uns großmütig dem lieben Gott zur Verfügung stellen. Das zweite ist, daß wir das Begonnene fortsetzen und in die Tat umsetzen, also ein praktisches Christentum

leben. Das ist aber nicht so schwer, wie es vielleicht aussieht. Wir müssen nur die Augen auftun und das Übernatürliche sehen wollen.

Die Übernatur ist uns näher als wir ahnen. Wenn wir bis jetzt gewohnt waren, alles nur rein natürlich einzuschätzen, so tun wir es jetzt vom Standpunkt des Glaubens aus. Der Psalmist sagt so schön: ‚Dein Wort, o Herr, sei die Leuchte auf meinen Pfaden und das Licht auf meinen Wegen.' Nehmen wir täglich dieses Glaubenslicht zur Hand …

Wenn wir am Sonntag zum höchsten Herrn zur Audienz geladen sind, verwenden wir da alle Sorge darauf, was wir dem lieben Gott sagen und wie wir uns in seiner heiligen Gegenwart benehmen werden? Und wenn wir uns sagen müssen, daß dies nicht der Fall ist, wo liegt da der Grund? Es fehlt uns eben der lebendige Glaube.

O, der lebendige Glaube oder das Leben aus dem Glauben ist etwas, was die modernen Menschen nötiger haben als alles andere. Wenn wir mit den Augen des Glaubens zu sehen gewohnt sind, werden wir das Reich Gottes vom Reich des Satans, die Interessen Jesu von jenen des Teufels unterscheiden können."

Der bewußte Christ wird nicht nur „menschlich", sondern auch „göttlich" leben und lieben.

Die Interessen Jesu

Nachdem der Selige das Reich Satans und seine Anhänger kurz gezeichnet hat, fährt er fort: „*Werfen wir jetzt einen Blick auf die Interessen Jesu. Die Ernte ist groß und reichlich, daß es oft schwer ist, zu wissen, wo anfangen und was zuerst unternehmen. Denen, die Jesum nicht lieben, muß Liebe zu Ihm eingeflößt werden, und denen, die Ihn lieben, muß eine noch tausendmal glühendere Liebe eingeflößt werden. Ein jeder von uns wähle einen besonderen Zweck, und er wird Arbeit genug finden.*

Die Interessen Jesu sind die Ehre des Vaters und die Rettung der unsterblichen Seelen, und wir können die

Der lebendige Glaube hält uns die Augen offen.

Interessen Jesu zu den unseren machen, wenn wir uns selbst, unsere Familien und unsere Berufsaufgaben vom Glauben aus betrachten.

Rüsten wir uns heute schon durch die Übung des lebendigen Glaubens zum großen Entscheidungskampfe, der uns bevorsteht, halten wir die Augen offen und beherzigen wir das Wort des heiligen Petrus: ‚Brüder, seid nüchtern und wachsam, denn euer Widersacher, der Teufel, geht umher wie ein brüllender Löwe, suchend, wen er verschlingen könne. Ihm widerstehet standhaft im Glauben. Der Gott aller Gnade aber, der uns durch Jesum Christum berufen hat zu seiner ewigen Herrlichkeit, wird uns, die wir nur kurze Zeit leiden, vollenden, stärken und auf einen festen Grund stellen. Ihm allein sei die Ehre und die Herrschaft von Ewigkeit zu Ewigkeit.'"

Das Fronleichnamsfest

Als während der Militärzeit des Seligen das Fronleichnamsfest herannahte, sah man den jungen Kern seine ganze Kraft aufbieten, das Fest und die eucharistische Prozession zu verschönern.

Er ging am Tag vorher zu den Leuten, um von ihnen Rosen und andere Blumen zu erbitten. Er suchte beim Bataillon an, daß ihm die Dekoration eines Altares übertragen werde.

So war er dann bis zur Prozession unablässig tätig. „*Mittags*", schrieb er, „*bin ich schon herzlich müde, das erstemal im Dienste des Allerheiligsten Sakramentes.*"

Der Altarschmuck kündet von Gottes Gegenwart.

Und doch war er am Nachmittag wieder bei der Vesper und der Herz-Jesu-Andacht.

Ein Psalmwort wurde zum Lieblingswort

„Domine, dilexi decorem domus tuae et locum habitationis gloriae tuae. – Herr, ich liebe die Zierde Deines Hauses und den Ort, wo Du in Deiner Herrlichkeit wohnst.“

Was er von seinem Gehalt ersparte, verwendete er für gute Zwecke und nicht zuletzt für den Schmuck des Gotteshauses. So kaufte er für die Kapelle der Schulschwestern in Vöcklabruck zwei vergoldete fünfarmige Leuchter, einen zur Herz-Jesu-Statue, den anderen zur Antonius-Statue, und ein vergoldetes Vortragskreuz.

Um diese Zeit fing er auch für ein Primiz-Meßkleid zu sparen an, was ihm eine kindliche Freude bereitete.

Große Danksagung

In Meran reifte im Seligen der Plan, die Kapelle des heiligen Norbert in der Abtei Geras, jene Stätte, an der er eingekleidet worden war und auch seine Gelübde abgelegt hatte, restaurieren zu lassen.

Er hatte in Meran eine dänische Konvertitin kennengelernt, die ihn auf eine von einem dänischen Priester, der auch Konvertit war, verfaßte Danksagungs-Litanei aufmerksam machte. Mit ihr übersetzte der Selige diese Litanei ins Deutsche. Sie führt den Titel: „Große Danksagung an Gott den Herrn in Form einer Litanei“.

Das Primizkleid des Seligen:
Kostbarer Brokatstoff, von den Vöcklabrucker
Schulschwestern mit spanischer Nadelmalerei verziert.

In vielen Wendungen wird darin Gott für alle seine Wohltaten gedankt.

Der Selige ließ von dieser Litanei 10.000 Exemplare drucken und wollte mit einem eventuellen Reingewinn aus deren Erlös zur Restaurierung der Kapelle des heiligen Norbert beitragen.

Die Gesamtkirche

Aus seinem lebendigen Glauben erwuchs das rege Interesse des Seligen am Ergehen der Gesamtkirche, sein Schmerz und seine Trauer über deren Verfolgungen und Verunglimpfungen, seine Freude über ihre Erfolge, seine tätige Unterstützung der Heidenmission, sein Abscheu vor allem, was den Glauben auch nur entfernt gefährden könnte.

Das schönste Anschauungsbild für das weltweite Wesen der katholischen Kirche bietet das Erlebnis eines Rompilgers an den großen Fest- und Feiertagen, an Ostern, Pfingsten oder am Fest der Apostelfürsten Peter und Paul.

Alle Völker und Nationen der Erde, alle Farben und Rassen der Menschheit, alle Typen und Trachten der Welt sind in der Ewigen Stadt zu sehen. Und alle diese sonst so verschiedenen Menschen haben den einen katholischen Glauben. Alle zieht es mit heimlicher Gewalt in ein und dasselbe Gotteshaus, den Petersdom.

Von dort geht eine weltweite Botschaft aus, die jedem Christen Mut und Kraft gibt: „Christus lebt weiter in seinem Stellvertreter auf Erden, dem Papst."

Die Kraft der Hoffnung öffnete sein Herz

Hoffnung ist Leben

Ein Leben ohne Hoffnung ist kein Leben. Glaube plus Zuversicht, das ist Hoffnung. Und Hoffnung ist Leben. Hoffnungslosigkeit ist Tod.

Nichts erwarten und nichts erstreben, das ist Langeweile … und Langeweile ist schlimmer als der Tod. Sie ist die Mutter der Verzweiflung. Wie die Verzweiflung die Mutter des Hasses ist.

Größeres als sich selbst zu erwarten und zu erstreben, das ist menschliche Hoffnung.

Unendliches zu erwarten und mit göttlicher Hilfe zu erstreben, das ist christliche Hoffnung.

Um in Christus zu leben

Der Selige hat die Tugend der Hoffnung im heroischen Grade geübt. Zeitlebens war er tief durchdrungen von der zuversichtlichen Hoffnung auf das ewige Leben um der Verdienste Jesu Christi willen.

In seinen Handlungen, Gebeten und Leiden kam dies deutlich zum Ausdruck. Er gebrauchte auch alle Mittel, um durch die Gnade Jesu Christi zum ewigen Leben zu gelangen. Diese Hoffnung auf das ewige Leben war, verbunden mit einer großen Liebe zu Gott, das Motiv seiner guten Werke.

Alles Tun war vom Licht der Hoffnung erfüllt.

Jakob Kern scheute kein Opfer, um dies zu erreichen. Er strebte ununterbrochen danach, in Christus ganz verborgen zu bleiben, in Armut und Vergessenheit, um dereinst in Christus zu leben.

Nur in Gott hat sie ihren Halt

„Die Hoffnung ist ein sicherer und fester Anker der Seele.“ (Hebr 6, 19) Dazu sagt der heilige Thomas von Aquin: „Die Hoffnung gleicht einem Anker, doch mit dem Unterschied, daß der wirkliche Anker in der Tiefe, die Hoffnung aber in der Höhe ihren Haltepunkt findet; nur in Gott hat sie ihren Halt, weil auf Erden nichts fest und dauerhaft ist.“

Die übernatürliche Hoffnung gab dem Seligen die Kraft, nicht vom rechten Weg abzuweichen. Sie ließ ihn sein ganzes Leben Gott schenken, um Kreuz und Leid beten, in langer, schwerer Krankheit felsenfest auf Gott vertrauen und alle Beschwernisse mit Geduld, ja sogar mit übernatürlicher Heiterkeit, ertragen.

Seine Gottverbundenheit

Von Natur aus war der Selige heiteren Gemütes. Diese Veranlagung kam im Verkehr mit den Menschen deutlich zum Ausdruck.

So tat er bei jugendlichem Scherz und Spiel in völlig ungezwungener Weise mit.

Letztlich ruhte beim Diener Gottes auch diese natürliche, heitere Veranlagung in seiner Gottverbundenheit, die zu innerer Harmonie und übernatürlichem Frohsinn, Laetitia, führte. – Ein exzentrisches Wesen und Benehmen waren ihm vollends fremd.

Jakob der Mutmacher

Die Hoffnung ließ den Seligen in der inneren Trockenheit und Verlassenheit, die ihn in seiner letzten Lebenszeit heimsuchte, sagen: *„Wenn der Herr es haben will, so will ich darüber nicht traurig sein."*

Sein Vertrauen auf Gott kam nie ins Wanken. Stets suchte der Selige als Soldat, Kleriker und Priester, Niedergedrückten und Traurigen neuen Mut in der Hoffnung auf Gott zu geben. Dabei unterstrich sein Beispiel seine Worte auf das nachdrücklichste.

Dem Laubfall im Herbst folgt ein Sprossen im Frühling.

Vom Opfergedanken zum Sühnegedanken

Beglückendes Geheimnis

Die Liebe ist Geheimnis. Das Geheimnis der Liebe aber ist nicht so sehr Dunkelheit als unendliche Größe, Weite und Geborgenheit.

Das Geheimnis des Menschseins trägt den Menschen. Und das Geheimnis der Liebe trägt das Leben und die Ewigkeit des Menschen.

Entscheidende Bedeutung hat es, sich dem Geheimnis der Liebe auszuliefern, sich vom Geheimnis der Liebe führen zu lassen.

Nirgendwo ist soviel Klarheit und Licht wie im Geheimnis der Liebe. Nirgendwo ist der Weg so sicher wie durch das Geheimnis der Liebe.

Nur in der Liebe entsteht Ganzes

Liebe ist Vollendung des Menschen. Weder Gescheitheit noch Geschicklichkeit machen den Menschen zum Menschen. Das alles ist gut, aber bloß Stückwerk, ... gefährliches Stückwerk.

Der Mensch ist menschenwürdig durch die Liebe. Nur in der Liebe entsteht Ganzes.

Die Kirchenlehrerin, die heilige Theresia von Avila, sagt: „Am Abend des Lebens wird man uns nur nach der Liebe fragen."

Der Mittelpunkt seines Denkens

Die Gottesliebe, in heroischem Grade geübt, war die Zierde des Seligen. In allen seinen Lebenslagen suchte er nichts anderes, als Gott zu gefallen. Er hütete sich vor jeder Sünde, sogar vor Unvollkommenheiten.

Er hatte in allen Dingen Gott vor Augen und machte alles Gott zuliebe. Mit der Zeit brachte er es dazu, sich stets der Gegenwart Gottes bewußt zu sein, wie man aus manchen seiner Reden erkennen konnte. Gott war und blieb der Mittelpunkt seines ganzen Denkens, Wollens und Fühlens, seines Arbeitens und Leidens.

Jakob Kern betrachtete gerne die Geheimnisse des heiligen Glaubens, Gottes unendliche Güte und Gottes unermeßliche Liebe, die sich besonders im Leiden Jesu Christi zeigte.

Aus Liebe zum leidenden Heiland ersehnte er selbst seelische und körperliche Leiden.

Diener Gottes sein

Der Selige sah den Sinn seines Lebens darin, sich ganz Gott zu schenken, als Priester Ihm zu dienen, für Ihn zu arbeiten, zu opfern und zu leiden, bis zum letzten Funken seiner Kraft.

Aus Liebe zu Gott suchte er zu sühnen, was Gott täglich von sündigen Menschen an Beleidigungen zugefügt wird. Durch größtmögliche Treue und Liebe suchte er zu ersetzen, was undankbare Menschen fehlten. Dabei hielt er sich aber selbst für einen Sünder.

Christus ist die Mitteilung
der Liebe Gottes an die Menschen.

Der Liebe zu Gott entsprang sein seelsorglicher Eifer, der ihn alle seine körperlichen Schmerzen und Beschwerden hintansetzen ließ, wenn es galt, die Liebe Gottes in einer Seele wachzurufen oder zu vermehren.

Der Opfergedanke, der sich im Opfern und Verzichtenkönnen zeigt, der sich allmählich zum Sühneopfergedanken gestaltete, formte das ganze Leben des Seligen.

Als Soldat hatte er sich das Knie verletzt, es begann zu eitern und eine kleine Operation wurde notwendig. Er schreibt darüber: *„Die Wunde wurde zuerst gereinigt, dann mit einer Schere erweitert und zugenäht. Während dieser Manipulation dachte ich an den lieben Heiland und freute mich, daß ich einen kleinen Schmerz ihm opfern kann, und so spürte ich gar nicht viel.“*

Ehrfurcht und Gewissenhaftigkeit

Wer den Seligen sah, wenn er das heilige Meßopfer darbrachte oder heilige Handlungen verrichtete, war erbaut von der liebevollen Ehrfurcht und Gewissenhaftigkeit, mit der er dies tat, und wurde selbst angeregt, einen Akt des Glaubens und der Liebe zu setzen.

Jakob Kern hatte nach der schweren Operation oft so schreckliche Schmerzen, daß seine Nächte schlaflos waren. Deshalb sollte er abends Schlaftropfen nehmen.

Er wollte es aber nicht und äußerte sich darüber, daß er, wenn er sie nehme, in der Früh, wenn der Heiland in der heiligen Kommunion zu ihm komme, ganz verschlafen sei, und er sich dem Herrn nicht mit wachen Sinnen ganz darbieten könne.

Die Sehnsucht des Seligen Jakob Kern:
für Christus zu opfern und zu leiden,
bis zum letzten Funken seiner Kraft.

Streng gegen sich selbst

Die Unschuld seiner Seele ist ein weiterer Beweis seiner heroischen Gottesliebe. Um sie zu bewahren, setzte er sein ganzes Wollen und all seine Kraft ein. Er übte ständig die strengste Abtötung der Sinne.

Streng gegen sich selbst, nahm er sich aber barmherzig aller Sünder an, so daß man auf ihn das Wort anwenden kann: „Er haßte die Sünde und liebte die Sünder."

Nach dem Ersten Weltkrieg war Franz Kern voll Trauer über die Verfolgung der Kirche in verschiedenen Ländern. Er betete und opferte viel deswegen.

Zum Eintritt des Seligen in den Prämonstratenser-Orden führte der Abfall des Strahover Prämonstratenser-Priesters Zahradnik.

Einmal hatte er den Herrn schon gebeten, für Ihn leiden zu dürfen. Jetzt erkannte er, daß der Herr sein Opfer für einen besonderen Zweck wolle: als Sühn- und Bittopfer für einen unglücklichen Ordensmann.

Eine Opferseele sein

Er trat am 8. Dezember 1918 in Hall in Tirol in die Schar der Opferseelen ein, die sich ohne Rückhalt dem heiligsten Herzen Jesu überlassen, damit es ganz über sie verfüge. Seine Mitgliedsnummer war 3888.

Jakob Kern willigte im voraus dazu ein, im Geiste der Sühne alle körperlichen und seelischen Leiden und Prüfungen anzunehmen, mit welchen das göttliche Herz ihn heimzusuchen für gut finden wird.

NÄCHSTENLIEBE WÄCHST AUS DER GOTTESLIEBE

Heldenhafte Größe

Die Nächstenliebe des Seligen hatte ihren Ursprung in seiner großen Gottesliebe, wuchs mit ihr, erstarkte durch sie bis zur heldenhaften Größe und ging ganz in harmonischer Einheit in ihr auf.

Das Wohl des Mitmenschen sah Jakob Kern vor allem in dessen Seelenheil. Voll Eifer weihte er daher sein Leben der Seelenrettung des Nächsten.

Zu seiner Schwester sagte er, man müsse viel für die Sünder beten, damit sie aus ihren Sünden herausfänden, den Gefahren leichter entgingen und die Gnade erlangten, Gott im Jenseits zu schauen.

Was er riet, das tat er auch selbst. Er brachte sein Leben Gott zum Opfer dar, im Dienst am Nächsten. Den Mitmenschen gehörte sein Arbeiten bis zur Erschöpfung, sein Leiden bis an die Grenze des Tragbaren.

Worte des Trostes

Voll warmer Anteilnahme empfand der Selige den Schmerz und Kummer seiner Mitmenschen mit und versuchte, diese nach Kräften zu trösten und aufzurichten. Sein Hinweis auf Gottes Hilfe und Gottes Güte hat vielen Menschen in schweren Stunden wohlgetan, besonders in den verschiedenen Spitälern, wo er, selbst

Von heldenhaftem Eifer erfüllt,
weihte Jakob Kern sein Leben der Seelenrettung.

schwer krank, zu den anderen ging, um sie zu trösten und durch seine eigene Heiterkeit aufzumuntern.

Stets lag dem Seligen der gute Ruf seiner Mitmenschen am Herzen. Er verurteilte scharf jedes leichtfertige und gedankenlose Sprechen über den Nächsten, weil es so oft die Nächstenliebe verletze.

Er selbst vermochte die Schwächen seiner Mitmenschen zu verstehen und vor anderen zu entschuldigen. Bereit, bei jedem Spaß mitzutun, vermied er dabei alles, was den Nächsten kränken oder beleidigen konnte.

Von Kindheit an war er bestrebt, den Seelen im Fegefeuer zu Hilfe zu kommen. Er betete und opferte für sie und suchte viele Ablässe zu gewinnen, um sie den armen Seelen zuzuwenden.

Um den „armen Leutln“ zu helfen

Den Armen nahm sich der Selige freundlich und liebevoll an und half, wo er nur helfen konnte. Von dem Wenigen, was es in der Kriegszeit gab, verschenkte er den Großteil an arme Studenten. Oft hat er seine Brotration nicht gegessen, sondern hergeschenkt.

Später verwendete er Geschenke, die er selbst erhielt, und was er von seiner Invalidenrente durch große persönliche Einschränkungen erübrigen konnte, dazu, den Armen zu helfen.

Hatte er alles, was er besaß, weggegeben, bat er, wie seine Schwester erzählt, Gott: *„Gelt, lieber Vater im Himmel, schickst mir wieder etwas, nur ein bisserl was, damit ich den armen Leutln helfen kann.“*

KARDINALTUGENDEN, SITZ DES SITTLICHEN LEBENS

Die menschlichen Tugenden

Es sind dies feste Neigungen des Verstandes und des Willens, die unsere Handlungen regeln, unsere Leidenschaften ordnen und unser Verhalten der Vernunft und dem Glauben entsprechend leiten.

Sie lassen sich in vier Kardinaltugenden einteilen: Klugheit, Gerechtigkeit, Tapferkeit und Mäßigung.

Die Klugheit

Sie ist jene Tugend, welche die praktische Vernunft bereit macht, in jeder Lage unser wahres Gut zu erfassen und die richtigen Mittel zu wählen, um es zu erlangen.

Klugheit hat nichts mit Schüchternheit oder Ängstlichkeit, mit Doppelzüngigkeit oder Verstellung zu tun.

Man nennt die Klugheit auch „Lenkerin der Tugenden". Sie steuert die anderen Tugenden, indem sie ihnen Regel und Maß gibt.

Lenkerin des Gewissensurteils

Der kluge Mensch bestimmt und ordnet sein Verhalten gemäß diesem Urteil. Dank der Tugend der Klugheit wenden wir die sittlichen Grundsätze irrtumslos auf die einzelnen Situationen an und überwinden die Zweifel hinsichtlich des Guten, das zu tun und des Bösen, das zu meiden ist.

Die rechten Wege

Der Selige Jakob Kern besaß die übernatürliche Klugheit, die alle anderen Tugenden regeln und leiten muß, in heroischem Grade. Um die ewige Seligkeit zu erreichen, brachte er alle Mittel, die Gott und die Kirche ihm boten, zur Anwendung.

Er folgte in unwandelbarer Treue dem Ruf Gottes zum Priester- und Ordensstand. Von Jugend auf übte er die Gewissenserforschung, um sich die Reinheit seines

Christus, der Weg, die Wahrheit und das Leben.

Gewissens zu bewahren, nicht bloß vor der Sünde, sondern auch der Unvollkommenheit.

Er floh die Gelegenheiten zur Sünde und schätzte die irdischen Güter gering.

Er erkannte, daß nur der Christus am ähnlichsten wird, der mit Ihm den Kreuzweg gehen will. Deshalb erbat er das Kreuz, umfaßte es liebend und trug es in steter Sühnebereitschaft geduldig bis ans Ende.

Prüfen und abwägen

Der Selige sah die höchste Klugheit darin, seinen Willen in allem dem Willen Gottes zu unterwerfen. Daher beriet er sich mit Gott bei allen Anlässen im Gebet, um Seinen heiligen Willen zu erkennen. Diesbezüglich holte er auch gerne den Rat kluger und aufrechter Menschen ein.

Wer zum Seligen um einen Rat kam, konnte sicher sein, einen reiflich überlegten und mit Gott erwogenen Bescheid zu erhalten.

Eifrig und gewissenhaft

Durch die tägliche Betrachtung schulte der Selige seinen Geist in den religiösen Wahrheiten, so daß er stets die Tugenden im rechten Maße übte und aufeinander abstimmte.

Alle ihm übertragenen Aufgaben löste Jakob Kern mit jener Klugheit, die in ihnen den Willen Gottes sah und aufs beste erfüllen wollte.

Die Genügsamkeit wurde dem Seligen zur zweiten Natur.

So eifrig der Selige auch in der Übung aller Tugenden war, nie sah man etwas an ihm, das in irgendeiner Weise exzentrisch gewirkt hätte. In ihm waren nämlich Natur und Übernatur harmonisch vereint.

Der maßvolle Mensch

Die Mäßigung ist jene sittliche Tugend, welche die Neigung zu verschiedenen Vergnügungen zügelt und im Gebrauch geschaffener Güter das rechte Maß einhalten läßt.

Es war Jakob Kern eine Selbstverständlichkeit, sich in allem dem heiligen Willen Gottes bedingungslos zu unterwerfen. Dies zeigen viele seiner Aussprüche und seine ganze Haltung.

Von der Kindheit bis zum Grab beherrschte er seine Sinne und seine natürlichen Neigungen in immer größerem Grade. Seine angeborene Lebhaftigkeit erleichterte ihm keineswegs den Kampf um diese große Selbstbeherrschung. Besonders sein Gebet um Leiden und das unentwegte Ertragen derselben zeigt, wie sehr er sich in der Hand hatte.

In Bezug auf Speise und Trank, Schlaf, Kleidung und Wohnung war der Selige vollständig anspruchslos und bescheiden. Die Genügsamkeit war ihm derart zur zweiten Natur geworden, daß es schien, als ob er gar keine Bedürfnisse hätte.

Das von der Kirche und seinem Orden vorgeschriebene Fasten übte der Selige getreulich, soweit ihm dies die Ärzte und seine Oberen gestatteten.

Übernatürlicher Bußgeist

Kein Dienst war dem Seligen zu niedrig, wenn er damit dem Nächsten helfen oder ihm eine Freude oder Erleichterung bereiten konnte.

Seine erbetene Krankheit ertrug er mit stets gleichbleibender großer Geduld.

Unwillen, Zorn und Lieblosigkeit beherrschte er meisterhaft, was ihm bei seiner lebhaften Natur sicherlich nicht leicht gefallen ist.

Das ganze Leben des Seligen war ein fortwährendes Opfer heroischer Mäßigung.

Er übte in keiner Lage seines Daseins natürliche Rücksichtnahme auf seine Person aus übernatürlichem Bußgeist, um zu sühnen und Gnaden vom Himmel für sich und andere zu erflehen.

Mut zum Starksein

Da steht ein Fels mitten in den stürzenden Wogen des Bergbaches. Unaufhörlich schießen die Wasser gegen ihn heran, hoch spritzt der Gischt der Wellen, immer mehr tosen sie gegen ihn.

Er aber steht da, fest und unerschütterlich, mitten in der Brandung, als wollte er sagen: „Ihr Wellen könnt machen, was ihr wollt, ich weiche nicht von der Stelle. Ich bleibe da, wo mich der Herrgott hingestellt hat."

Ein Bild des Starkmuts, der sich behauptet gegen eine Welt von Feinden. Starksein hat nichts mit Starrsinn, Rechthaberei und Unnachgiebigkeit zu tun.

Starkmütig allen Prüfungen die Stirn bieten.

Sie festigt die Entschlossenheit

Die Tapferkeit ist jene sittliche Tugend, die in Schwierigkeiten standhalten und im Entstehen des Guten durchhalten läßt. Sie festigt die Entschlossenheit, Versuchungen zu widerstehen und im sittlichen Leben Hindernisse zu überwinden.

Irdische Rücksichtnahme

Der Selige Jakob Kern hat die Tugend des Starkmutes in heroischem Grade geübt. Er hat auf dem Weg zur Vollkommenheit heldenmütig und standhaft alle Pflichten seines Standes gewissenhaft erfüllt.

Keine irdische Rücksichtnahme war imstande, ihn davon abzuhalten, da ihm die Ehre Gottes über alles ging.

Verspottung, Unrecht und Zurücksetzung ertrug der Selige ohne Murren.

Opfer für die Sünder

Sein Starkmut war so groß, daß er Gott um viel Leiden bat und sich als Opfer für die Sünder anbot. All sein Leiden, das Gott ihm daraufhin in überreichem Maß auferlegte, trug er ohne Zagen, stets heiter und liebenswürdig, so daß ihn alle dafür bewunderten.

Auch die geistige Trockenheit, die ihn kurz vor seinem Tod überkam, nahm der junge Priester und Ordensmann starkmütig und ergeben in Gottes Willen an. Denn die seelische Trockenheit kann als Reinigungsprozeß, als dunkle Nacht vor dem neuen Tag erfahren werden.

Der gerechte Mensch

Er zeichnet sich durch die ständige Geradheit seines Denkens und die Richtigkeit seines Verhaltens gegenüber dem Nächsten aus.

„Du sollst weder für einen Geringen noch für einen Großen Partei nehmen; gerecht sollst du deinen Stammesgenossen richten." (Lev 19, 15) „Ihr Herren, gebt den Sklaven, was recht und billig ist; ihr wißt, daß auch ihr im Himmel einen Herrn habt." (Kol 4, 1)

Als sittliche Tugend ist die Gerechtigkeit der beständige, feste Wille, Gott und dem Nächsten das zu geben, was ihnen gebührt.

Die Gerechtigkeit Gott gegenüber nennt man „Tugend der Gottesverehrung". Gerechtigkeit gegenüber Menschen zielt darauf ab, die Rechte eines jeden zu achten und in menschlichen Beziehungen jene Harmonie herzustellen, welche die Rechtschaffenheit gegenüber der Person und dem Gemeinwohl fördert.

Im heroischen Grad geübt

Jakob Kern war vor allem Gott gegenüber gerecht, da er die Gebote Gottes und der Kirche und seine jeweiligen Standespflichten aus Liebe zu Gott bis ins Kleinste getreu erfüllte. Dabei vergaß er nie, daß er alles der Gnade Gottes verdanke und ihm deshalb kein Verdienst zukomme. Er gab in allem Gott die Ehre.

Der seligsten Jungfrau Maria erwies er stets eine kindliche Verehrung. Den Engeln und Heiligen brachte er die

Edelmut und Großherzigkeit führen nach oben.

ihnen zukommende Ehrfurcht entgegen. Auch die Reliquien der Heiligen verehrte er in gebührender Weise.

Er respektierte die Rechte seiner Mitmenschen in heroischer Weise. Die Ehre und der gute Ruf und alles, was dem Nächsten zukam, waren ihm heilig.

Die Pflichten seines Standes und alle übernommenen und übertragenen Aufgaben erfüllte er mit größter Gewissenhaftigkeit.

Einmal sagte er zu seiner Schwester: *„Mini, weißt, ich war Soldat für Kaiser und Vaterland, und da mußte man schwören, seine Pflicht zu tun. Aber wenn ich das unsagbare Glück habe und Priester werde, dann brauche ich nicht zu schwören, daß ich meine Pflicht erfülle, da muß man jede Minute bereit sein, das Leben für Gott mit Freude hinzugeben.“*

In gleicher Weise nahm er es auch genau mit der Erfüllung der Regel und der Statuten seines Ordens.

Edelmut und Großherzigkeit

Der Selige war nicht nur Gott für alle Wohltaten unendlich dankbar, sondern auch jedem, der ihm eine Wohltat erwiesen oder eine Aufmerksamkeit entgegengebracht hatte. Als Priester segnete er täglich alle seine Wohltäter einzeln, auch wenn sie weit weg waren, und schloß sie in sein Gebet ein. Für manche war es ein großer Trost, als sie erfuhren, daß er ihnen noch am Vorabend vor seinem Tod seinen Segen geschickt habe.

Er schreibt in einem Brief: *„Wie soll ich vergelten alles, was Sie an mir getan? Die Antwort für den Priester ist* *nicht schwer: Den Kelch des Heiles will ich nehmen und den Namen des Herrn anrufen für Sie, so oft ich das Glück habe, dem Herrn am Altare zu dienen.“*

Seinen Eltern bewahrte er stets eine kindliche Liebe und treue Anhänglichkeit. Als er einmal nach den Ferien ins Knabenseminar zurückkam, erzählte er seinem Präfekten mit treuherzigem Blick, seine Mutter sei krank gewesen, und da habe er das Zimmer ausgerieben, da die Mutter es ja nicht habe tun können.

Seinen Vorgesetzten begegnete er stets mit Ehrfurcht und brachte ihnen Gehorsam entgegen.

In seinen kirchlichen Oberen sah er die Stellvertreter Gottes und Interpreten des göttlichen Willens.

Vaterland und Kirche

Der Selige hing mit heißer Liebe an seinem Vaterland. Als er zu den Waffen gerufen wurde, stellte er sich ohne Zögern und inneres Murren dem Kaiser und dem Vaterland zur Verfügung, obwohl er dadurch auf seinem Weg zum Heiligtum aufgehalten wurde.

Im Feld tat er seine Pflicht. Wenn die Gefahr besonders groß war und Freiwillige zu einem Einsatz aufgerufen waren, war er bei denen, die sich meldeten, vertrauend auf Gottes heilige Vorsehung.

Die Treue zur Kirche und den Nachfolgern der Apostel war im Seligen fest verankert. Er war felsenfest davon überzeugt, daß die Kirche die einzige Führerin zum Heiland ist, und daß er nur im Gehorsam gegen sie die ewige Seligkeit erlangen könne.

Das Thema seiner letzten Predigt

Am 20. Juli 1924, dem Tag, an dem das Bischofsjubiläum des Oberhirten der Diözese Sankt Pölten, von Dr. Johannes Baptist Rössler, gefeiert wurde, sprach er über die Treue zur Kirche und zum Bischof.

„Entweder stehen wir treu zu unserem Bischof und damit zu Christus oder wir liebäugeln mit den anderen und damit mit der Hölle. Wenn du also gewillt bist, Jesu Lehre und Wahrheit in unveränderter Form zu hören und nach dieser Lehre leben willst, dann mein lieber Freund, bleibe hier. Wenn du gewillt bist, das Hirten- und Priesteramt Jesu Christi anzuerkennen, und du Sehnsucht hast nach der Aussöhnung und Vereinigung mit Deinem Herrgott, wenn du das Bedürfnis hast, dem ewigen Herrn ein Opfer zu bereiten, wenn du den priesterlichen Segen suchst, ist hier dein Platz. Hier hat der ewige Hohepriester das Festmahl bereitet und lädt dich zu seinem Tische ein. Wenn du obendrein als Kämpfer des Heiligen Geistes ein sittliches Heldentum üben willst und ein Held im Streiten, im Meiden und im Leiden sein willst, dann, mein lieber Freund, hier ist die Rüstkammer, wo du dir zum geistlichen Kampfe immer neuen Mut und Ausdauer holen kannst.

Hier findest du den Nachfolger der Apostel und seine Jünger und nach dem schmalen und beschwerlichen Pfade des irdischen Lebens den ewigen Seelenbischof im Himmel, der dir dann die Krone der Auserwählung nicht vorenthalten wird. Wenn du aber die Unwahrheit des modernen Heidentums gerne hörst und dir ins Ohr flüstern läßt, daß es ohnehin keinen Gott gibt, kein Jenseits und keine Sünde, dann stehe schnell auf und gehe hinaus, hier ist für dich der unrichtige Ort.

Wenn du, obwohl du den Ritterschlag des Heiligen Geistes empfangen hast, trotzdem den Tempel des Heiligen Geistes, deine unsterbliche Seele, schändest durch ein sündhaftes Leben und keine Buße tun willst – ja was suchst du dann noch hier?

Gehe hinaus auf die breite Straße, die bequemer ist als der schmale Weg, dort kannst du nach deinen Launen leben. Aber wisse wohl: Du wirst dort eine Gesellschaft finden, die seiner würdig ist, aber vor der uns graut – den Teufel mit seiner Hölle.“

Treue Freundschaft

Wem der Selige seine Freundschaft geschenkt hatte, dem bewahrte er sie bis zum Tode. Hier sei besonders auf seine Zugehörigkeit zur Katholischen österreichischen Hochschul-Verbindung „Amelungia“ im C.V. hingewiesen, die ja neben der Treue zur Kirche und zum Vaterland sowie der Pflege der Wissenschaft die Lebensfreundschaft der Mitglieder zum Prinzip hat.

Viele gedachten noch lange Zeit später dankbar der aufrichtigen und treuen Freundschaft, die der Selige ihnen entgegenbrachte. Wie seine Wohltäter, so segnete er als Priester auch täglich seine Freunde.

Jakob Kern liebte die Einfachheit, mied und verabscheute die Unwahrheit, Verstellung sowie die Heuchelei und sprach seine Meinung offen aus.

Klare Kennzeichen des gottgeweihten Lebens

Armut, Keuschheit und Gehorsam

Kennzeichen des gottgeweihten Lebens ist das öffentliche Gelübde der drei evangelischen Räte: die Armut, die Keuschheit und der Gehorsam in einem von der Kirche anerkannten dauernden Lebensstand.

Über die Armut und Entäußerung

Jakob Kern stammte aus einer armen Familie und hat als Mittelschüler nur das besessen, was ihm seine Tante und der Mann seiner Schwester gegeben haben. Er trug diese Armut standhaft und mit Anstand.

Schon früh entäußerte sich der Selige durch das Gelübde der Jungfräulichkeit seines Leibes, um ihn Gott zu opfern. Später fügte er bei Ablegung der Ordensgelübde die Entäußerung von allen Gütern dieser Welt – er hatte damals eine Invalidenrente – und von seinem eigenen Willen hinzu.

Er übte fortan die Armut, ohne die er sich einen richtigen Ordensmann nicht denken konnte, in wahrhaft evangelischem Geist bis zu seinem Tod, so daß er darin seinen Mitbrüdern zum Vorbild wurde.

Nur wer die irdischen Güter betreffs seiner Person verachtet, wird innerlich frei für den Dienst am Nächsten. So dachte der Selige.

Ablegung der Ordensgelübde heißt
Entäußerung von allen Gütern dieser Welt.

Alles war eine Opfergabe

Durch die Bitte an Gott, viel Leiden zu erhalten und Sühnopfer sein zu dürfen, bot er auch seine Gesundheit und jegliches irdische Wohlbefinden dem Herrn als Opfergabe an.

Nach der Ablegung der einfachen Profeß in der Prämonstratenser-Abtei Geras – die Profeßformel hatte er mit solcher Innigkeit und solch strahlender Freude gesprochen, wie dies selten gefunden wird – begleitete ihn ein Freund in seine Zelle.

Mit leuchtenden Augen zeigte der Selige auf seine Sachen, die Andenken aus der Militärzeit, seine silberne Tapferkeitsmedaille und die anderen Auszeichnungen, seinen Offizierssäbel, die Bilder und Fotographien, dann auf sich selbst und sagte ganz glücklich: *„Schau, jetzt gehört nichts mehr mir, du glaubst nicht, wie glücklich ich jetzt bin."*

Wenn Gott einen fröhlichen Geber liebt – der Selige Jakob Kern war ein solcher.

Die Früchte des Geistes

Es sind dies Vollkommenheiten, die der Heilige Geist in uns als die Erstlingsfrüchte der ewigen Herrlichkeit hervorbringt.

Die Überlieferung der Kirche zählt deren zwölf auf: „Liebe, Freude, Friede, Geduld, Freundlichkeit, Güte, Langmut, Sanftmut, Treue, Bescheidenheit, Enthaltsamkeit, Keuschheit". (Gal 5, 22–23)

Die Gemeinschaft der Chorherren von Geras in Konzelebration bei der heiligen Messe.

Über die Keuschheit

Der Selige übte die Tugend der Keuschheit in heroischem Grade, da er von der frühesten Jugend bis zum Sterben wie ein Engel im Fleische wandelte.

Gelübde der Jungfräulichkeit

Kaum 14 Jahre alt, weihte er seinen Leib dem *„Bräutigam seiner Seele“* durch das Gelübde der Jungfräulichkeit, das er zunächst 1911 auf ein Jahr und am 21. April 1912 für sein ganzes Leben ablegte. Es war ihm eine große Freude, als er dieses Gelübde bei der Ordensprofeß im Angesicht der Kirche erneuern durfte.

Um die Keuschheit zu bewahren, floh Jakob Kern allzeit den Müßiggang, ja auch unnütze Ablenkungen und Zerstreuungen. – Jede Gelegenheit zur Sünde mied er mehr als den Tod.

Bei all seiner Heiterkeit, die seine Mitmenschen erfreute, war sein Benehmen dennoch sittsam und eingezogen, so daß es allen Achtung und Ehrfurcht vor seiner Person einflößte und die Hochschätzung seiner Keuschheit erkennen ließ.

Vor dem Tabernakel

Da holte sich der Selige immer wieder die Kraft, die Keuschheit zu bewahren. Von dorther hatte er den Mut, während seiner Militärzeit bei seinen Kameraden alles Gemeine zurückzuweisen und seine Mißbilligung auszusprechen.

Im Kreis der Mitbrüder wächst das Verständnis für die Gemeinschaft.

Reine Opfergabe

Um sein Gelübde der Jungfräulichkeit getreu zu halten, kreuzigte er sein Fleisch und seine Sinne durch strenge Zucht und eine wahrhaft heroische Selbstbeherrschung. Er wollte dem Herrn eine reine und makellose Opfergabe sein.

Leidender Gottesknecht

Jesus setzt seinen Gehorsam an die Stelle unseres Ungehorsams. „Wie durch den Ungehorsam des einen Menschen die vielen zu Sündern wurden, so werden auch durch den Gehorsam des einen die vielen zu Gerechten gemacht werden.“ (Röm 5, 19)

Durch seinen Gehorsam bis zum Tod wurde Jesus zum leidenden Gottesknecht, der stellvertretend „sein Leben als Sühnopfer hingab“, „die Sünden von vielen trug“ und so „die vielen gerecht macht“, indem er „ihre Schuld auf sich lädt“. (Jes 53, 10–12)

Jesus hat unsere Sünden wieder gutgemacht und Gott dem Vater für sie Genugtuung geleistet.

Das Verhältnis zum Oberen

Aus freier Hand einen Kreis zeichnen, ist keine leichte Sache, das weiß jeder, der es schon einmal versucht hat. Aber mit einem Zirkel geht es leicht und sicher.

Die zwei Schenkel des Zirkels versinnbilden Verstand und Wille. Die Vorsehung ist es, die durch die Hand des Obern den Zirkel ansetzt und festhält.

Wer sich mit Verstand und Wille ganz mit dem Vorgesetzten wie zu einem Punkt vereinigt, beschreibt auf diese Weise sicher und leicht den Zirkel der Tat.

Über den Gehorsam

In der Übung des Gehorsams seinen Eltern, Vorgesetzten und Lehrern gegenüber war der Selige stets willig, bereit und froh. Man sah an seinem Gesichtsausdruck, wie ihm der Gehorsam Freude machte in Nachahmung des Gehorsams Jesu Christi. Seine Geschwister und Kameraden in der Schule und im Seminar erbauten sich an dem demütigen und willigen Gehorsam des Seligen.

Beim Militär

Als er zum Militär einrücken mußte, leistete er der staatlichen Autorität willig Gehorsam. Obwohl ihm dadurch sein sehnlich erwartetes Ziel, das Priestertum, in die Ferne gerückt wurde, kam kein Wort des Mißfallens über seine Lippen.

Als Soldat erfüllte er alle Befehle mit aufopfernder Pünktlichkeit.

Ob es der Wille Gottes sei

Seine gehorsamsbereite Einstellung der kirchlichen Obrigkeit gegenüber spricht aus seiner letzten Predigt anläßlich des Jubiläums des Bischofs der Diözese Sankt Pölten.

Wie sehr Jakob Kern auch seinen geistlichen Leitern gehorsam war, zeigte sich, als der Selige seinen Eintritt in den Prämonstratenser-Orden ein Jahr lang hinauszögerte, weil der damalige Spiritual des Wiener Priesterseminars, Msgr. Karl Handloß, wollte, daß er sich so lange prüfe, ob es wirklich Gottes Wille sei.

Der junge Kern schätzte den Gehorsam so sehr, daß er bemüht war, auch gegenüber seinesgleichen diese Tugend zu üben.

Im Orden war es eine dauernde Seelenverfassung des Seligen, den Oberen absolut gehorsam zu sein. Dies sah man aus seiner ehrfurchtsvollen Haltung den Oberen gegenüber, die so überzeugend wirkte, daß die anderen sich an ihr erbauten.

Vor Gott „Kind werden“

Dies ist die Voraussetzung, um in das Gottesreich einzutreten. Dazu muß man sich erniedrigen, kleinwerden. Mehr noch: man muß „von neuem geboren werden“ (Joh 3, 7), „aus Gott geboren“ werden (Joh 1, 13), um „Kind Gottes zu werden“ (Joh 1, 12).

Das Weihnachtsgeheimnis vollzieht sich in uns, wenn Christus in uns „Gestalt annimmt“ (Gal 4,19).

Weihnachten ist das Mysterium des „wundersamen Tausches“: „O wunderbarer Tausch! Der den Menschen erschuf, nimmt menschliches Leben an und wird aus der Jungfrau geboren. Von keinem Mann gezeugt, kommt er in die Welt und schenkt uns göttliches Leben.“ So heißt es in der Antiphon der Vesper vom 1. Januar.

Um Mißverständnisse zu vermeiden

Biblisch gesehen ist die Demut eine geistige Haltung, die sich sowohl Gott als auch dem Mitmenschen gegenüber positiv auswirkt.

Demut hat nichts mit Schwächlichkeit oder Passivität zu tun. Demut verlangt vielmehr vollen Einsatz im Dienst Gottes und der Menschen.

Demut ist nicht die Haltung von Untertanen – daher stammt nämlich die Bedeutungsverschlechterung –, sondern von freien, liebevollen Menschen.

Über die Demut

Der Selige Jakob Kern übte diese Tugend von der Jugend bis zum Tod mit ununterbrochener Treue, willig und freudig. Er war demütig in seinen Gedanken, Wünschen und Plänen, in seinen Worten und Werken, in seinem harten Leiden.

Bald nach seinem Eintritt ins Wiener Alumnat schreibt er: *„Ich wollte mein ‚Ich' ganz verleugnen und ein servus, Diener, aller werden und habe es auch nach einiger Zeit zu meinem eigenen Staunen sehr weit gebracht. Ich wußte ja, daß man mich auslachte, sowohl im stillen, wie offen, und weil's mir auch bisweilen weh tat, deswegen machte ich es erst recht. Überall in der Welt der Letzte zu sein, verachtet zu sein und vergessen zu sein, das ist auch mein Ideal. Deswegen bring ich auch gar keinen Ehrgeiz auf. Ich kenne bloß einen Ehrgeiz auf geistlichem Gebiete; da müssen wir alle Streber sein."*

Ein anderer Christus sein

Als Student der heiligen Theologie erfuhr er, daß man ihn ob seiner sittlichen Reife bewundere. Dazu schrieb er: *„Ich werde meistens von meiner Umgebung verkannt und immer wieder klingt mir das gewaltige ‚Wehe euch, wenn euch die Menschen loben' in den Ohren. Und doch bin ich nur ein armseliger Mensch, voll von bösen Regungen und Schwächen, der im geistlichen Leben einem großen unbehauenen Stein gleicht und noch viel Bearbeitung mit Meißel und Hammer nötig hat, um endlich ein ‚alter Christus', ein anderer Christus, zu werden."*

Aus dieser Erkenntnis heraus dünkte ihn das Niedrigste und Einfachste für sich noch als zu gut.

Demütig, schlicht und einfach sein,
hartes Leiden aus Gottes Hand entgegennehmen.

Mit offenen Ohren

Auf seine eigene Ansicht legte er nicht viel Gewicht. Obgleich er ein reifes und kluges Urteil besaß, hörte er stets die Meinung anderer an, die er für von Gott erleuchtet hielt. – Wenn etwas irgendwie versagte, dann schrieb er sich die Schuld zu.

Vorbild für andere

Er suchte nur in Demut sich zu opfern, um Christus nahe zu kommen und um Seelen zu retten. Darum übernahm er gerne die niedrigsten Dienste, ohne Rücksicht auf seine natürliche Abneigung dagegen.

Er blieb bei allen Übungen der Demut innerlich ruhig. Ja man sah aus der Art, wie er sie tat, seine Freude, sich bei derartigen Gelegenheiten in der Abtötung seiner Sinne und seines Selbst Gott im Dienst des Nächsten aufopfern zu können.

Er war stets demütig, bescheiden und gesammelt in seinem Benehmen, in seinen Blicken und seinen Worten. Alle, die ihn kannten, bezeugen den tiefen Eindruck, den seine Demut auf sie machte.

Übernatürliche Gnadengaben

Die Charismen, ob außergewöhnlich oder schlicht und bescheiden, sind Gnadengaben des Heiligen Geistes. Diese dienen direkt oder indirekt der Kirche. Sie sind zum Aufbau der Kirche, zum Wohl der Menschen und für die Nöte der Welt geschenkt.

Die Sehnsucht, im Weinberg des Herrn zu arbeiten, beseelte Jakob Kern ganz und gar.

Wunderbarer Gnadenreichtum

Die Charismen sind ein wunderbarer Gnadenreichtum für die apostolische Lebenskraft und für die Heiligung des ganzen Leibes Christi.

Es muß sich dabei um Gnaden handeln, die wirklich vom Heiligen Geist kommen. Sie sind so auszuüben, daß sie den Anregungen dieses Geistes voll entsprechen. Sie müssen in Liebe ausgeübt werden.

Charismen des Seligen

Jakob Kern war von Gott mit Charismen ausgezeichnet worden. So hatte er die Tränengabe beim Gebet, besonders vor dem Tabernakel.

Ferner geschah es, daß er beim Gebet vor dem Allerheiligsten derart entrückt war, daß ihm jedes Bewußtsein für äußere Einflüsse vollkommen verlorenging.

Als Seelsorger und Priester hatte der Selige die Gabe, die Herzen vieler Gläubigen zur Reue, Umkehr und Gottesliebe zu bewegen. Es kam auch vor, daß er manchen verborgene Fehler sagte, so daß sie, dadurch bewogen, sich zu einem besseren Leben entschlossen.

Der Selige wußte, als er nach seiner schweren Verwundung von den Ärzten aufgegeben worden war, daß er noch nicht sterben, sondern Priester werden würde. Später kannte er die Stunde seines Todes.

4

HEIMGANG

ÜBER DEN KOSTBAREN TOD DES SELIGEN JAKOB KERN

Sterben in Jesus Christus

Um mit Christus einst auferstehen zu können, muß man mit Christus auch sterben. Dazu ist es notwendig, „aus dem Leib auszuwandern und daheim beim Herrn zu sein" (2 Kor 5, 8).

Bei diesem „Aufbrechen" (Phil 1, 23), beim Tod, wird die Seele vom Leib getrennt. Sie wird am Tag der Auferstehung der Toten wieder mit ihrem Leib vereint werden.

Gottes Kraft geht alle unsere Wege mit,
sie überbrückt die Erdenzeit zur Ewigkeit.

Die Gnade der Beharrlichkeit

Es ist dies der Schlußstein der Brücke hinüber in die Ewigkeit. Auf der einen Seite bauen wir mit Gottes Gnade, auf der anderen Seite baut Gott.

Den Schlußstein aber muß Gott der Herr selbst einsetzen. Menschenkraft ist dafür zu schwach.

Die letzte Operation

Der Selige ist am Montag, dem 20. Oktober 1924, um halb zwölf Uhr mittags im Allgemeinen Krankenhaus in Wien an den Folgen seiner im Krieg erhaltenen Verwundung gestorben.

Nach der Operation im September 1924 war eine weitere Operation notwendig.

Seine letzten Lebenstage stellen den Höhepunkt seiner Leiden dar, aber auch die größte Entfaltung seines Opfersinnes und seiner wahrhaft edlen Seele.

Zu den furchtbaren körperlichen Schmerzen kamen noch schwere seelische Leiden. Eines Tages mußte er traurig bekennen: *„Jetzt habe ich auch bei der heiligen Kommunion keinen fühlbaren Trost mehr.“* Doch sofort fügte er hinzu: *„Wenn der Herr es haben will, so will ich darüber nicht traurig sein.“*

Tränen in den Augen

Als ein guter Freund ihn acht Tage vor seinem Tod besuchte, glitt plötzlich ein Schatten über sein auch in der Krankheit fröhliches Antlitz.

„Ich nahm ihn bei der Hand“, schreibt der Freund, „und fragte ihn, was er jetzt denke. *‚Ach, es ist so schwer‘*, meinte er nachdenklich, *‚ich habe es früher leichter ertragen, jetzt geht es aber schon bald nicht mehr. Alle Gründe, die ich bisher anderen und auch mir sagte, verlieren ihre Kraft.‘* Nach einer kurzen Pause, während der ich ihm ein Wort des Trostes sagen wollte, sprach er die Worte: *‚Es ginge wirklich nicht mehr, wenn nicht die Liebe Gottes wäre, und ich Gott nicht so gern hätte.‘*

Bei diesen Worten standen ihm Tränen in den Augen.“

Nie äußerte er einen Wunsch

Aus Liebe zu Gott war der Selige trotz seiner kaum tragbaren Schmerzen – man konstatierte bei der Operation, daß das Rippenfell, Pleura, schon ganz schwarz und faul war – gleichmütig, ruhig, selbstlos und unendlich beherrscht.

Nie äußerte er einen Wunsch. Da er das freiwillig übernommene Opfer ohne jeden Abbruch zu Ende führen wollte, nahm er nie ein schmerzstillendes Mittel, wie es ihm beim Husten, nach dem Verbandwechsel und um wenigstens kurze Ruhe zu finden, angeboten wurde und wie alle anderen Patienten es annehmen.

Auch bezüglich der Nahrung hatte er nie einen Wunsch, obwohl er wegen seines Fiebers und seiner Schmerzen sicherlich manche Bedürfnisse gehabt hätte. Er nahm, was man ihm anbot, ohne wählerisch zu sein. Man konnte nicht erkennen, ob ihm das Gebotene zusagte oder nicht.

Gleichbleibende Heiterkeit

Die Pflegeschwester und alle, die mit ihm in dieser Zeit in Berührung kamen, waren über seine stets gleichbleibende Heiterkeit erstaunt und erbaut.

Als ihn Schwester Maria Scholastika einmal während ihres Nachtdienstes fragte, ob er einen Wunsch habe, sagte er lächelnd: *„Na ja, Schwester Scholastika ist da, da bräuchte man noch den heiligen Benediktus, dann könnte man heilige Gespräche in der Nacht führen."*

Den 20. Oktober 1924 hatte der Selige seit langem herbeigesehnt, da er an diesem Tag seine ewige, feierliche Ordensprofeß ablegen sollte.

Nun wurde von den Ärzten für diesen Tag die neuerliche Operation festgesetzt. – Der Selige konnte vorher nur seine zeitliche Profeß erneuern.

Er sieht seinen Tod voraus

Schon Tage vorher sagte der Selige zu Schwester Maria Scholastika: *„Sie werden sehen, meinen Profeßtag werde ich schon im Himmel feiern."*

Als ihn seine Tante zwei Tage vorher besuchte, meinte er zu ihr: *„Am Montag werde ich von der Operation nicht mehr aufwachen."*

Sonntag abends plauderte er freudig: *„Morgen um diese Zeit habe ich schon die liebe Mutter Gottes und meinen Schutzengel gesehen."*

Als die Schwester später das Altärchen für die heilige Kommunion des Seligen am nächsten Morgen herrichtete, sagte er zu ihr: *„Bitte, richten Sie heute alles recht schön her für die heilige Kommunion, denn die erste und die letzte heilige Kommunion muß man besonders feierlich begehen. Und morgen wird meine letzte heilige*

Feierlich wollte er die letzte heilige Kommunion empfangen.

Kommunion sein. Die ewige Profeß werde ich schon im Himmel feiern.“

Hierauf bat er die Schwester, ihm seine Ordenskleider zu bringen und nachzusehen, ob sie in Ordnung seien. Dann erklärte er ihr, wie die Kleider angelegt werden müssen, damit man ihn für den Sarg richtig ankleiden könne. Er sagte das mit solcher Ruhe und Selbstverständlichkeit, daß es auf die Schwester einen großen Eindruck machte.

Die folgenden Stunden bis zu seinem Tod verbrachte der Selige ruhig und gottergeben. Über seinem Antlitz lag ein Schimmer heiliger Freude.

Bevor er zur Operation gebracht wurde

Da segnete er noch einmal seine Verwandten, Wohltäter und Freunde. Auf dem Weg zum Operationssaal rief er freudig: *„Da komme ich nicht mehr zurück!“*

Tatsächlich starb der Selige, wie er es vorausgesagt hatte, während dieser Operation, nachdem ihm der Spitalspriester nochmals die heilige Ölung und den päpstlichen Segen gespendet hatte, am 20. Oktober 1924 um halb zwölf Uhr mittags.

Ein treffender Vergleich

Der Kulturkritiker Julius Langbehn (1851 – 1907) fragte sich selbst: „Wie möchtest du zu Christus stehen?“ Und gab sich darauf die schöne Antwort: „Wie ein güldenes Morgenwölkchen zur aufgehenden Sonne.“

Das Begräbnis und das Grab des Seligen

Liturgische Feier

Das christliche Begräbnis spendet dem Verstorbenen kein Sakrament und kein Sakramentale, denn er steht nun außerhalb der sakramentalen Gnadenordnung. Es ist aber doch eine liturgische Feier der Kirche.

Der Dienst der Kirche will einerseits die wirkkräftige Gemeinschaft mit dem Verstorbenen zum Ausdruck bringen, andererseits will er auch die zur Bestattung versammelte Gemeinde an dieser Feier teilnehmen lassen und ihr das ewige Leben verkünden.

Von Wien nach Geras

Der Leichnam des Seligen, angetan mit seinem heiligen Ordenskleid, wurde zunächst in die Leichenhalle des Allgemeinen Krankenhauses in Wien IX., Spitalgasse, gebracht, wo am Mittwoch, dem 22. Oktober 1924, um halb zwei Uhr die erste Einsegnung stattfand, zu der sich viele Priester, Ordensleute und Laien einfanden. Hernach wurde Jakob Kern nach Geras überführt.

Das Begräbnis in Geras

Es gestaltete sich, wie auch die große christliche Tageszeitung „Reichspost“ damals feststellte, zu

Abt Aemilian Greisl zählte zur Vereinigung der Opferseelen. Er war väterlich mit Jakob Kern verbunden.

einer großen Kundgebung für den überall beliebten und verehrten Ordenspriester.

Am Samstag, dem 25. Oktober 1924 hielt Prälat Greisl, Abt zu Geras, um 10 Uhr vormittags das feierliche heilige Requiem und anschließend das Begräbnis.

Den Sarg trugen Mitglieder der Katholisch-österreichischen Hochschul-Verbindung „Amelungia“, begleitet von vier Chargierten mit der Verbindungsfahne und einer starken Vertretung der Bundesbrüder.

Unter den vielen Priestern, die von nah und fern zum Begräbnis gekommen waren, befand sich auch ein Vertreter Seiner Eminenz, des hochwürdigsten Herrn Kardinal-Erzbischofs von Wien.

Die Bevölkerung von Geras und dessen weiter Umgebung war zusammengeströmt, um dem Heimgegangenen das Geleit zu geben. – Es schien weniger ein Leichenzug als ein Triumphzug zu sein.

Die erste Ruhestätte

Der Leib des Seligen wurde in dem den Mitgliedern der Abtei Geras reservierten Teil des Friedhofes von Geras beigesetzt.

Unter ihm ruhte bereits ein 60 Jahre früher verschiedener Priester der Abtei Geras in der Erde. Über dem Sarg mit den Überresten des Seligen wurde ein gemauertes Gewölbe errichtet.

Die über dem Grab in die Friedhofsmauer eingelassene Tafel zeigte oben einen Kelch mit der Hostie und darunter die Inschrift:

„Hic requiescunt:
R.D. Adalbertus Pelikan, O.Praem., 1784 – 1864.
R.D. Jacobus Franciscus Kern, O.Praem.,
n. 1897, def. 20 Octobris 1924
miles laesus.“ – Als Soldat verwundet.

Exhumierung des Seligen

Von vielen Priestern und Gläubigen darum gebeten, ließ später Abt Isfried Franz den Leichnam des Seligen exhumieren und in der Abteikirche beisetzen.

Mit amtlicher Genehmigung wurde am 26. September 1956 im Beisein des Abtes, mehrerer Priester, des Amtsarztes und eines zweiten Arztes das Gewölbe geöffnet. Man sah den Holzsarg, auf dem eine Messingplatte mit der Inschrift: „Hochw. Jakob Franz Kern, gest. 20. Okt. 1924 im 28. Lebensjahre“ angebracht war.

Bei Berührung zerfiel der Holzsarg. Es kam der Zinnsarg zum Vorschein, an dessen Kopfende eine Glasscheibe eingelassen war, durch die man Kopf und obere Brust des Seligen so deutlich sah, daß ein Priester, der Jakob Kern kannte, laut ausrief: „Das ist er! Ja, das ist er!“

Bei näherer Besichtigung stellte sich heraus, daß auch der untere Teil des Zinnsarges vollständig zersetzt war, so daß es sich als aussichtslos erwies, den Leichnam zur Gänze herausheben zu können.

Nach Öffnung des Zinnsarges fielen obendrein die einzelnen Knochen des Skelettes auseinander. Der Schädel wies noch Hautreste, Kopf- und Barthaare auf, am rechten Oberschenkel, Darm- und Kreuzbein haftete noch die

Muskulatur, an den Rippen konnte man die früher erwähnten Operationen feststellen.

Die rechte Hand, mit der er so gern und so oft gesegnet hatte, hing mit dem Unterarm noch zusammen und war bis über das Handgelenk zur Gänze mit Sehnen und Nägeln vollkommen erhalten.

Ferner fanden sich Gewandreste und das Sterbekreuz.

In einen Eichenschrein gebettet

Die Gebeine des Seligen wurden von den Ärzten in einen mit einem weißen Linnentuch ausgeschlagenen Eichenschrein gebettet. Es fand sich das vollständige Skelett mit Ausnahme eines Fußwurzelknochens. Das Linnentuch wurde hierauf oben umgeschlagen und der Eichenschrein verschraubt. Darüber wurde ein festes Band kreuzweise geschlungen, dessen Enden oben mit dem Abteisiegel befestigt und versiegelt wurden. Über die obere Kreuzung des Bandes wurde das inzwischen gereinigte Messingplättchen vom früheren Sarg des Seligen geschraubt, das die Aufschrift trägt: „Hochw. Jakob Franz Kern, gest. 20. Okt. 1924 im 28. Lebensjahre".

Nach der Versiegelung des Schreines durch den hochwürdigsten Abt in der Friedhofskapelle, deren Fenster gut verschlossen waren, wurden die Überreste des Seligen von ihm eingesegnet.

Hierauf versperrte der hochwürdigste Abt die Tür der Friedhofskapelle von außen, nahm den Schlüssel an sich und legte zur weiteren Sicherung Siegel über die Tür.

Stift Geras, hier ist Jakob Kern daheim für immer.

Übertragung in die Abteikirche

Am Sonntagnachmittag, dem 30. September 1956 fand dann die Übertragung der Überreste des Seligen in die Abteikirche statt. Nach Feststellung der Unverletztheit der an die Tür der Friedhofskapelle gelegten Siegel, öffnete der hochwürdigste Abt diese.

Nachdem die Bahre, auf welcher der Schrein mit den Gebeinen des Seligen stand, mit Blumen geschmückt worden war, wurde sie von Klerikern der Abtei vor die Friedhofskapelle getragen, wo der hochwürdigste Abt die Einsegnung vornahm. Hierauf erfolgte die Übertragung der Gebeine des Seligen in die Abteikirche, die Basilika „Unsere Liebe Frau zu Geras".

An die Sängerknaben schloß sich der lange Zug des Klerus an, dann folgte der hochwürdigste Abt mit seiner Assistenz in schwarzen Paramenten, anschließend kamen die Kleriker, die auf der blumengeschmückten Bahre den Schrein mit den Überresten des Seligen trugen. Es folgten die Chargierten der Katholisch-österreichischen Hochschul-Verbindung „Amelungia" mit der Verbindungsfahne und einer starken Abordnung.

Es schlossen sich die staatlichen Würdenträger, die Ordensfrauen und eine unübersehbare Schar von Laien an, die von nah und fern kamen.

Glaubwürdige Augenzeugen

Beim Einzug in die Basilika brach plötzlich aus dem Tabernakel, in dem das Allerheiligste aufbewahrt wird, ein Strom hellsten Lichtes, wofür man keine natürliche Erklärung fand. Dieses Licht währte bis zur Absetzung der Bahre mit den Gebeinen des Seligen.

Daheim in der Stiftskirche

Nach dem vom hochwürdigsten Abt zelebrierten Pontifikal-Requiem wurde der Schrein in einer Nische in der Rückwand der Basilika, neben der Eingangstür auf der Evangelienseite, beigesetzt. Nach nochmaliger Einsegnung und nachdem ein Vertreter „Amelungias" ein Band mit den Farben der Verbindung auf den Schrein niedergelegt hatte, mauerte der hochwürdigste Abt selbst in die Öffnung der Nische eine Steinplatte, die jene eingemeißelte Inschrift trug: „Hier ruht der Diener Gottes JAKOB KERN, geb. 1897, gest. 1924."

Menschen aller Altersstufen und jeden Berufes, Männer und Frauen, wenden sich weiterhin an den Diener Gottes. Der Lichtschein der Kerzen spricht seine Sprache.

Pilgergang zum ehemaligen Jakob-Kern-Grab in einer Nische in der Rückwand der Stiftskirche.

5

WEGLEUCHTE

Im Ruf der Heiligkeit vor und nach dem Tode

Gott allein ist heilig

Wo Göttliches ist, da ist Heiligkeit. Nur Göttliches kann den Menschen entscheidend helfen. Nur Heiliges kann die Lösung für alle Probleme der Menschen und der Welt sein. Nur Heilige können die Welt retten.

Unterwegs zur Vollkommenheit

Der in seinen Tugenden begründete Ruf der Heiligkeit des Seligen Jakob Kern verbreitete sich bereits zu dessen Lebzeiten, wuchs nach seinem Tod noch mehr und dauert bis zur Gegenwart an.

Bereits den Knaben nannten viele ein „gottbegnadetes Kind", einen „Engel" und einen „kleinen Heiligen". Seine Mitschüler im Erzbischöflichen Knabenseminar schätzten Franz Alexander Kern wegen seiner Tugenden sehr. Die Soldaten seiner Kompanie im Ersten Weltkrieg bezeichneten ihn bald als ihren „Schutzengel", ihren „Heiligen", ihren „Fürsprecher bei Gott".

Auch unter seinen Mitalumnen im Wiener Priesterseminar fanden sich manche, die in „Kobi" – sein Name unter Freunden – einen Heiligen vermuteten.

In der Abtei Geras hielt ihn vor allem sein Abt für einen Auserwählten Gottes. In Geras und Umgebung war bald vom „heiligmäßigen Herrn Jakob" die Rede.

Durch die Teilnahme an der göttlichen Natur spiegelt sich die Heiligkeit Gottes in unserem Wesen wider.

Die erste Kurzbiographie

Nach dem Tod des Seligen Jakob Kern nahmen Priester und Ordensschwestern Stücke der ihm extrahierten Rippen an sich. Diese ließen sie in eine Kapsel fassen, um von einem „im Rufe der Heiligkeit verstorbenen Priester" ein Andenken zu haben.

Ein priesterlicher Freund des Seligen, Josef Schulenburg, veröffentlichte 1925 einen kurzen Lebensabriß des Heimgegangenen im „Wiener Kirchenblatt".

„Allen kann das Leben des Verewigten ein Vorbild sein, die einen finden Trost und neue Stärke, die anderen Ansporn zu weiterer, größerer, innigerer Liebe und wieder andere einen ernsten Mahnruf zu innerer Einkehr."

„Das Tugendbeispiel dieses heiligmäßigen Priesters wird uns voranleuchten, uns Mut, Kraft, Trost und Liebe in schweren Stunden geben."

Ein eminenter Bittsteller

Die Überzeugung, in Jakob Kern einen „Heiligen" gekannt zu haben, lebte in allen, die mit ihm zu tun hatten, fort und kam durch sie in weite Kreise. Immer wieder trat man an die Äbte von Geras mit der Bitte heran, den Seligsprechungsprozeß in Angriff zu nehmen.

Als sich 1955 der hochwürdigste Herr Theodor Kardinal Innitzer, Erzbischof von Wien, den Bittstellern anschloß, versprach Abt Isfried Franz, die Einleitung eines Seligsprechungsprozesses erbitten zu wollen. Dies löste in weiten Kreisen größte Freude und Genugtuung aus.

Das Tugendbeispiel des Seligen leuchtet uns voran.
Es gibt Mut, Kraft und Trost in schweren Stunden.

Gebetserhörungen mehren sich

Vom Tod des Seligen angefangen bis zum heutigen Tag werden immer wieder Gebetserhörungen, die nach Anrufung des Seligen erfolgten, gemeldet. Diese berichten von auffallenden Bekehrungen, Ehesanierungen, Hilfe in seelischen Nöten, in Eheschwierigkeiten, Geldnöten, Prüfungsangelegenheiten, Berufsanliegen, Krankheiten und so fort.

Der Autor dieses Buches war der Vizepostulator im Seligsprechungsprozeß des Diener Gottes Jakob Kern. Alle Gebetserhörungen werden gewissenhaft gehortet.

Die Bedeutung von Wundern im Prozeß

Neben dem Ruf der Wundertätigkeit ist für den Fortgang des Seligsprechungsverfahrens ein Wunder nachzuweisen.

Im Wunder sieht die Kirche den Fingerzeig Gottes, die Bekräftigung der vorbildhaften Christusnachfolge durch Gott selbst. Auch der Wunderprozeß beginnt mit bischöflichen Erhebungen, und zwar in jener Diözese, in der auf die Fürbitte des Kandidaten Gott sein übernatürliches Eingreifen vollzogen haben soll.

In Rom entscheidet eine fünfköpfige Expertenkommission über das behauptete Wunder. Da es sich in fast allen Fällen um Krankenheilungen handelt, besteht diese aus hochqualifizierten Ärzten.

Dann erst entscheiden im Wunderprozeß die theologischen Konsultoren und der Plenarkongreß.

Dem Papst allein kommt es zu, ein abschließendes Urteil zu fällen. Bei Märtyrern dispensiert der Papst zumeist vom erforderlichen Wundernachweis.

Anfang und Abschluß

Der Seligsprechungsprozeß des Diener Gottes Jakob Kern wurde am 18. März 1958 durch Kardinal Dr. Franz König eröffnet. Am 7. Juli 1997 fand er in Rom unter Beisein von Papst Johannes Paul II. seinen feierlichen Abschluß.

Als Krönung aller Erwartungen galt der 21. Juni 1998, Tag der feierlichen Seligsprechung in Wien.

Der Sachverhalt im Wunderprozeß Jakob Kern

Ein vierjähriger Bub litt 1971 monatelang unter ständigem Erbrechen und furchtbarer Müdigkeit. Sämtliche Wege der Eltern zu den verschiedensten Ärzten brachten keine Hilfe. Die endgültige Diagnose – „bösartiger Hirntumor“ – erforderte eine sofortige Operation, um das Leben des Kindes vorerst zu retten.

Die nach damaligem Stand der Medizin erfolgte Prognose besagte, daß trotz Operation nur eine weitere Lebensdauer von höchstens zwei Jahren zu erwarten war.

In ihrer Verzweiflung wandte sich die Familie an Jakob Kern, damit durch seine Fürsprache bei Gott das Kind leben dürfe.

Die weiteren computerthomographischen Kontrollen, die jahrelang durchgeführt wurden, erbrachten das für

Familie und Ärzte unglaubliche Ergebnis einer vollkommen erfolgten Dauerheilung.

Der damalige „Bub“ ist heute über 30 Jahre alt, berufstätig, verheiratet und glücklicher Vater.

7. Juli 1997: DDr. Joachim Angerer, Abt des Stiftes Geras, Aktor des Seligsprechungsprozesses, beim Heiligen Vater.

Der Selige Jakob Kern in seiner Kapelle

Die Jakob-Kern-Nische wird geöffnet

Viele Mitbrüder waren am Gründonnerstag, dem 9. April 1998 nach dem feierlichen Chorgebet Zeugen: Die Jakob-Kern-Nische in der Mauer links vom Eingang der Basilika wurde geöffnet und der Eichenschrein unter feierlichem Gesang in das Stift getragen. Der Autor durfte später gemeinsam mit Herrn Florian, dem Sekretär des Herrn Abtes, die Gebeine des Seligen reinigen und in den silbernen Reliquienschrein umbetten.

Weihbischof Dr. Heinrich Fasching

„Wir haben uns an diesem Ostermontag 1998 in dieser wunderschön restaurierten Stiftskirche in Geras versammelt, um die sterblichen Überreste des ehrwürdigen Diener Gottes Jakob Kern, den wir in wenigen Wochen als neuen ‚Seligen' unserer Heimat anrufen werden dürfen, in eine neue und würdige Ruhestätte zu übertragen. Dabei wissen und fühlen wir uns in dieser Stunde ihm ganz nahe und verbunden.

Ich hatte die Gnade, von Jakob Kern erstmalig Kunde zu erhalten durch meinen Heimatpfarrer, den ehemaligen Abt Aemilian Greisl, der das Stift Geras von 1916 bis 1926 leitete, als Jakob Kern hier als junger Priester und Ordensmann lebte."

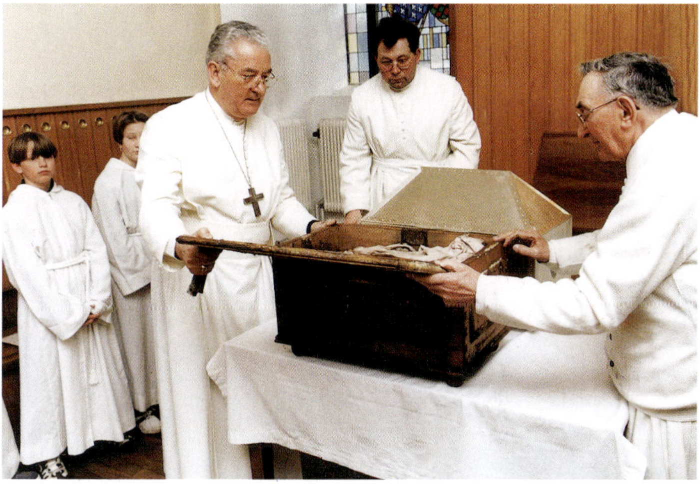

Umbettung der Reliquien. Ab jetzt ruhen sie in ihrem neuen Heim: in der Jakob-Kern-Kapelle im Stift Geras.

Rufer unserer Zeit

„Was hätte uns heute und jetzt Jakob Kern durch sein Leben zu sagen?

Erstens: Für andere verfügbar sein. Wir wachsen und reifen in unserem Mensch- und Christsein nur, wenn wir die Einengung durch unseren Egoismus durchbrechen. Ein nur um sich kreisender Mensch wird nie seine Erfüllung finden.

Zweitens: Die von Gott zugedachte Aufgabe annehmen. Jeder von uns hat sich Gedanken und Vorstellungen zur Gestaltung seines Lebens gemacht und angestrebt. Wir wurden aber auf einen anderen Weg geführt und erkannten oft erst später diesen anderen Weg als

Auftrag Gottes an uns. Das Ziel werden wir jedoch nur erreichen, wenn wir uns von Gott führen lassen. Wir sollen stets Hörende auf sein Wort und Gehorchende seinen Weisungen gegenüber sein und bleiben.

Drittens: Liebt die Kirche. Lassen wir uns nicht verwirren. Die Kirche als wanderndes Volk Gottes, bestehend aus unvollkommenen Menschen, sie geht ihren Weg durch die Geschichte einmal tapferer und einmal müder, einmal zuversichtlicher und einmal bedrückter, einmal kräftiger ausschreitend und einmal stolpernd, aber immer so, daß keine Macht, auch nicht die Macht der Hölle, sie überwältigen kann."

Reliquienschrein in der Jakob-Kern-Gedächtniskapelle, Ort der Stille und des Gebetes.

Vorbild auf unserem Pilgerweg

Verehrung der Heiligen

Heilige werden alle jene genannt, die durch Gottes Erwählung und Gnade die Gabe der Heiligkeit in ihre Persönlichkeit umgesetzt haben.

Jakob Kern, ein Leitbild

Er hat die Bergwand des Glaubens durchstiegen. Er wird uns zum großen Vorbild auf unserer Pilgerreise.

1. Für unsere Priester und Ordensleute, daß sie ihren Beruf richtig einschätzen und ihm treu bleiben. Und daß wir nicht verurteilen, sondern jene Priester stützen, die ihrer Berufung untreu geworden sind.

2. Für Ehen und Familien, daß sie sich nicht vom Zeitgeist unterkriegen lassen und das Durchhaltevermögen besitzen, den eingeschlagenen Weg in Treue und mit Gottvertrauen zu gehen.

3. Für diejenigen, die sich als Militärangehörige in den Dienst ihres Vaterlandes stellen, damit sie ihre Aufgaben richtig erfüllen, zum Gemeinwohl der Nation und zur Erhaltung des Friedens beitragen.

4. Für die katholischen Laien, daß sie Sauerteig und Salz der Erde sein mögen. Sie befinden sich in der vordersten Front der Kirche. Durch sie ist die Kirche das Lebensprinzip der menschlichen Gesellschaft.

Jakob Kern hat die Bergwand des Glaubens durchstiegen.
Er ist ein Vorbild auf unserer Pilgerreise.

5. *Für die Oststaaten,* daß der christliche Geist alle Grenzen überschreiten möge. Daß diese Menschen nach dem Fall des Kommunismus nicht Opfer der Sekten werden, sondern den Weg zu Christus finden mögen.

6. *Für alle Leidenden, Kranken und Hilflosen,* daß sie im Seligen einen Fürsprecher finden, der ihnen Kraft und Hilfe in ihren Leiden bringt und ihnen die Möglichkeit eines apostolischen Wirkens sichtbar macht.

Verwandlungskraft der Gnade

Die Heiligenverehrung hat spirituelle Dimensionen. Die Heiligen sind Menschen in der ganzen Dramatik des Daseins, auch in Anfechtung, Angst, Zweifel und Schwäche.

Ihre „Ehre“ ist nicht ihre moralische Höchstleistung, sondern ihre Bereitschaft, sich der Verwandlungskraft der Gnade – das heißt dem persönlich-dialogisch gegenwärtigen Gott – auszusetzen.

Notwendigkeit der Gnadenhilfe

So die Kirchenlehrerin Theresia von Lisieux: „Sehen Sie, wie die untergehende Sonne die Wipfel der Bäume vergoldet! In goldenen Strahlen scheint Ihnen auch meine Seele ganz glänzend, gleichsam vergoldet, weil sie der Liebessonne zugekehrt ist. Schickte aber die göttliche Sonne ihre Strahlen nicht, so wäre meine Seele sofort finster und trüb.“ Gnade ist die Kurzformel für Gottes Handeln im und mit dem Menschen.

Schatz der Aufzeichnungen des Seligen Jakob Kern

Fährtensucher sollte ich werden

Bereits als 20jähriger ging ich als Missionar nach China und trat dort in die Gemeinschaft des heiligen Johannes Bosco ein. Nachdem die Kommunisten die Macht im Reich der Mitte an sich gerissen hatten, flüchteten viele Chinesen ins Ausland. Mir wurde die Aufgabe zuteil, auf einer Weltreise die Heimatlosen zu betreuen.

Unerwartet erkrankte ich schwer und mußte daraufhin in Österreich bleiben. Da faßte ich den Entschluß, als gebürtiger Waldviertler in den Prämonstratenser-Orden des Stiftes Geras einzutreten. Rom genehmigte es.

Am Fest des heiligen Augustinus, dem Regelvater des Ordens, wurde ich eingekleidet. Ich erhielt den Klosternamen Hermann-Josef.

Nicht im geringsten dachte ich daran, zum Fährtensucher eines Seligen zu werden.

Ein für mich denkwürdiges Datum

Am 30. August 1954, zwei Tage nach meiner Einkleidung, kam Prälat Isfried Franz, Abt von Geras, in meine Klosterzelle und sagte zu mir: „Hermann-Josef, ich wünsche, daß Du das, was ich Dir jetzt übergebe, genau durchstudierst, um dann die Biographie über unseren im Rufe der Heiligkeit verstorbenen Mitbruder Jakob Kern zu schreiben. Ich habe nämlich die Absicht, beim Herrn Kardinal in Wien zu bitten, daß alles Nötige für die Selig- und Heiligsprechung eingeleitet wird. Und da ist es notwendig, daß ein Buch herauskommt." – So erschien 1960 die Biographie „Sühnepriester Jakob Kern".

„Ich werde Dir weiterhin alle Gebetserhörungen aushändigen, sodaß Du über ihn informiert bist und Dich auf Jakob Kern spezialisieren kannst."

Grenzerfahrung und Glaubensvollzug

„Das Äußerste des menschlichen Nachdenkens über Gott besteht darin, daß der Mensch denkend erfährt, daß er Gott nicht erkennt, insofern er erkennt, daß das, was Gott ist, alles überschreitet, was wir von ihm – im Ausgang von menschlicher Erfahrung – denkend einsehen." (Thomas von Aquin) Diese Grenzerfahrung gehört zum Wesen des Glaubensvollzuges.

Will man von den schriftlichen Aufzeichnungen des Seligen Jakob Kern eine Auswahl treffen, dann steht man sicherlich nicht vor einem leichten Unterfangen. Denn der Selige war ein nachdenklicher Charakter.

Aus den Akten seiner Seligsprechung

Dr. Johann Kurz 1985 an Kardinal Dr. Franz König: „Die mir übergebenen Schriften des Diener Gottes Jakob Kern habe ich gewissenhaft durchgesehen und habe nicht den geringsten Verstoß gegen den Glauben oder gegen die christliche Sittlichkeit darin gefunden.

Das Waldviertler „Grenzlandkloster“ Geras.
Eine Perle, auf die wir stolz sind.

Dagegen möchte ich anmerken, daß diese Schriften nicht nur von der großen Geduld und dem Leidensmut des Diener Gottes Zeugnis geben; es offenbart sich in ihnen auch ein sehr klar denkender Geist und ein feinfühlendes Herz."

Briefe an Oberleutnant Alois Kristen

Am 28. Oktober 1917 schrieb Franz Kern, nach seiner Verwundung vom Kriegsdienst beurlaubt: „*Ich bin, wie Du weißt, im Alumnat und fühle mich recht glücklich. Und noch glücklicher wäre ich, wenn ich Dich auch hier hätte. Aber Deine Pflicht dem Vaterlande gegenüber!*

Sei überzeugt, ich erfülle meine Pflicht Dir und allen, die im Felde stehen, auch, so weit ich es kann. Ich zähle jetzt nur zur Armee der Beter."

Am 23. April 1919 an den Freund in Kriegsgefangenschaft: „*Schau, über Fragen, die Dich jetzt so zermürben, sprich dann, wenn Du in unserem Kreise bist. Vorläufig mußt Du Dir die Gleichförmigkeit mit dem Willen Gottes anerziehen, ohne zu sehr in die Vorsehung Dich hineinzugrübeln ... Auch uns macht der Weltgeist viel zu schaffen, das ist eine Frucht des Militärlebens. Freilich, wenn man so abgeschlossen ist wie Du, und von keiner Seite Hilfe bekommt und innerlich schwere Seelenstürme hat, dann kann es leicht vorkommen, daß man glaubt, die Freuden der Religion können die des Lebens in der schönen Welt nicht übertreffen. Harre aus, wir beten alle für Dich und mach' uns die Freude und kehre zurück als der unsrige, den wir ungeteilt in unsere Arme schließen wollen.*

Von hier läßt sich freilich vieles schön und gut sagen: nimm mir nichts übel, es ist gut gemeint und kommt mir aus ganzem Herzen.

In Deutschösterreich ist es nicht so schlecht; besonders unser Klerus verhält sich so, daß man wirklich stolz sein darf. In Ungarn und Böhmen gehts drunter und drüber staatlich und kirchlich – Gottesgericht!"

Datiert mit 16. Feber 1918 schrieb Franz Kern auf der Rückseite seines Fotos im schwarzen Talar: *„Das Wort, das Freund dem Freunde gab, es ist ein heilig Wort, das fortklingt auch im Grab!"* Alois Kristen war später Dechant und Pfarrer in Kirchberg am Wechsel.

Ruf der selbstlosen Liebe

Im Brief an Prälat Greisl vom 24. Juli 1920 heißt es: *„Schon die Erkenntnis von der Wichtigkeit der Sühneleistung halte ich für eine große Gnade, die noch recht vielen Menschen gegeben werden möge.*

Möge der Ruf zur selbstlosen Liebe zum heiligsten Herzen, den die Dienerin Gottes, die ehrwürdige Mutter Maria von Jesu, in die moderne selbstsüchtige Welt hinausrief: ‚Lieben wir Jesus, indem wir für Ihn Opfer bringen', recht viele Menschenherzen entflammen, durch Akte der Sühne dem heiligsten Herzen Balsam in die Wunden zu träufeln, die ihm unaufhörlich heute geschlagen werden."

Kardinal Suenens: „Der Mensch, der sein Leben hingibt für seinen Bruder, vervollkommnet sich noch in diesem Akt der Selbstverleugnung."

Die Heilskraft edler Priester

Franz Kern schreibt am 27. Mai 1919 an seinen Freund Alois Kristen, damals Kriegsgefangener in Italien: *„Jetzt in der Zeit der großen Demütigung, wo unsere Nation von keinem Menschen, auch von keinem Wilson, etwas zu erwarten hat, sind doppelt Priester notwendig, die weit über alles Nationale erhaben sind und dem armen Volke nur eine Hilfe bringen können, den übernatürlichen Glauben und die Hoffnung der ewigen himmlischen Heimat, die einzig wahre, die nicht bestimmt wird am grünen Tisch naseweiser Staatsgelehrter und großmauliger ‚Völkerbunds'künstler."*

Brief an Kooperator Franz Kosch

Damals war dieser in Nieder-Hollabrunn, Niederösterreich, tätig.

Vöcklabruck, 19. November 1918. „… *Jetzt sind so manche Masken gefallen, die früher Kaisertreue mitheucheln halfen und nun entpuppen sich die ‚Männer der Tat' als die reinsten Waschlappen und Krippenfresser: Vulgus incertum! Unser armer, guter Kaiser tut mir leid, der ein solches Gesindl regieren mußte und überall betrogen wurde.*

Und was wird noch alles unser harren? Freie Schule, Kulturkampf, Sistierung des Kirchengutes, Verfolgung u.s.f., all das kann uns nichts machen, denn adjutorium nostrum in nomine Domini, qui fecit coelum et terram! Für uns kommen jetzt Gnadenzeiten, in denen alles

„Jetzt sind Priester notwendig, die weit über alles Nationale erhaben sind und dem armen Volke Hilfe bringen."

Engherzige, Faule und Träge ausgeschieden wird von der geringen Schar derer, die dem Heiland ihre alte Liebe und Treue beweisen werden.

Ich gehe da im Talar, nachdem ich schon aufhörte ein Soldat zu sein. Jetzt kommt der liebe Heiland an die Reihe, und ich werde sein Offizier. Hoffentlich kann ich ihm ganz das geben ‚was Gottes ist'."

Schwierigkeiten im geistlichen Leben

Jakob Kern betrachtet bei Exerzitien über den „Weltgeist": *„Ein Kleriker, der in irgendeiner Form der Genußsucht, dem Vergnügen, dem Spiel oder der Sinnlichkeit nachgibt und nicht ganz energisch ganz reinen Tisch macht damit, wird als Priester immer mit einem Fuße im Grabe der schweren Sünde stehen: Trinker, Spieler, Wirtshaussitzer, von Weiberliebe Betörter."*

„Die Welt verspricht viel, hält aber wenig, läßt sich das Wenige teuer bezahlen, besonders vom Kleriker und Priester!"

Zwiegespräch mit Freund Mors

Vor dem jungen Kaiserjäger an der Südfront liegt sein Tagebuch. Mit einem seltsamen Freund hält er Zwiesprache: mit Freund „Mors", dem Tod.

„Du großer Freund der Menschheit, mein lieber Freund und Bruder Tod, Du bist eigentlich unter uns Soldaten sehr wenig beliebt und nicht gerne gesehen. Man versteht nämlich nicht, warum Du geschaffen

wurdest und weiß zu wenig, daß Du uns in die selige Ewigkeit führst."

Eine schwarze, sternenlose Nacht

„Aber nur denjenigen graut vor Dir, Bruder Mors, die in der Liebe zu Gottes Geboten und Gesetzen erkalten und die vielleicht durch ihr Leben zur Genüge beweisen, daß nicht die Gnade in ihren Herzen wohnt, sondern Satan mit seinen verschiedenen treuen Begleitern, den Untugenden, Lastern und Verbrechen."

Für einen Menschen, der keinen Glauben hat, ist das Leiden eine schwarze, sternenlose Nacht. Wer jedoch glaubt, daß das Leben hier auf Erden eine Vorbereitung auf ein anderes Leben ist, für den beginnen in der Nacht Lichter zu leuchten.

„Jene aber, die in der Gnade und Liebe Gottes stark wurden und während ihres Lebens hier auf Erden dem lieben Heiland immer treu nachfolgten, jene lieben Dich sehr und nennen Dich Bruder und Freund, weil Du sie dorthin führst, worauf immer ihre Herzensgedanken und ihr ganzes Sehnen gerichtet waren: zum lieben Heiland samt seinem himmlischen Hofe."

Auf die Welt verzichten

„Schau, mein lieber Freund Mors, dafür, daß wir auf die Welt samt ihren Gütern und auch auf unseren Leib verzichten müssen, erlangen wir durch Dich Güter von ewiger, seliger Eigenschaft.

Güter, die uns nicht mehr an das Irdische binden und fesseln, sondern die uns das Irdische ganz und gar in der Anschauung und Verherrlichung Gottes vergessen machen.

Danke Dir dafür, daß Du uns um einen so geringen Preis so viel gewährst."

Freund und Bruder

„Auch möchte ich Dich, Mors, Freund und Bruder heißen, wenn ich auch ein armseliger Sünder bin, der vor das Antlitz seines Gottes zu treten sich eigentlich nicht unterfangen sollte.

Aber ich habe ihn nicht nur beleidigt, Deinen und meinen Gott, sondern auch innig geliebt, soweit es eben mein schwaches Herz tun konnte. Ich habe ihm meine Kräfte und mein Leben geweiht und mich ihm ganz empfohlen.

Vielleicht freut er sich darüber und schenkt mir seine huldvolle Erbarmung und Verzeihung."

Per Du mit dem Tod

„Mein lieber Bruder! Wenn Du nun zu mir geschickt wirst, um mich zur höchsten Audienz zu führen, dann brauchst Du mir nicht lange Deine Vorboten zu senden, um mich aufmerksam zu machen auf meinen letzten Gang, sondern reiche mir nur unverzüglich Deine liebe Hand. Ich werde sie immer ergreifen und Dir freudig zum lieben Bräutigam meiner Seele folgen,

wann immer Du kommst, und wenn es noch heute und in diesem Augenblick wäre. Dieses ist meine Bitte, und ich danke Dir schon heute für diesen Deinen freundschaftlichen Dienst.

Salve frater! Sei gegrüßt, Bruder!"

Sei gegrüßt, Bruder Tod! So konnte nur ein Franz Alexander Kern sprechen, der ein heiteres Gemüt, aber dennoch eine ernste Lebensauffassung hatte.

Alle Geschöpfe leben in Gottes Hand. Die Sinne nehmen bloß das Wirken der Geschöpfe wahr, aber der Glaube sieht in allem das Wirken Gottes. – Unser Bemühen muß heißen: über den äußeren Schein hinweggehen!

Man sieht ihn selten, hört ihn aber wie ein Schwirrgeräusch in Spätsommernächten. – Ist es nicht ähnlich mit dem Tod, der im Schleichschritt kommt?

Was Zeitzeugen geschaut und gehört haben

Alles gereicht uns zum Besten

Wenn die Sonne in all ihrem Feuer am vollen Mittag eines Sonnentages leuchtet, fällt es uns nicht schwer, an ihr Licht und ihre Wärme zu glauben.

Wenn es aber kalt und Nacht oder nur trüb und nebelig ist, kann man versucht sein zu denken, daß die Sonne verschwunden sei. Und doch ist es nicht so.

Nach dem Tod des Diener Gottes leuchten seine Helligkeit und Heiligkeit in den Worten der Zeitzeugen auf.

Die Ursache der schweren Kriegsverletzung

Laut Zeugenaussage des Josef Graf, Pfarrer in Siern-dorf a. d. March, erfuhr er im Wiener Priesterseminar persönlich durch Jakob Kern die Wahrheit über den Hergang seiner schweren Kriegsverletzung. „Der Diener Gottes erhielt den Rückenschuß durch ein Versehen aus eigenen Reihen, aus denen ein Schuß zu kurz gegangen war. Da sich Franz Kern in der vordersten Linie befand, wurde er durch diesen Nahschuß getroffen."

Weltpriester oder Ordenspriester

Eines Tages im Herbst 1920 kam Franz Kern zu seiner Schwester Hermine und sagte: *„Mini, ich gehe jetzt*

„Wenn uns etwas aus dem gewohnten Geleise wirft, bilden wir uns ein, alles sei verloren; dabei fängt nur etwas Neues an.“ (Leo Tolstoi)

zu den Prämonstratensern nach Geras und trete dort in das Noviziat ein. Da darfst Du ein Jahr lang nicht zu mir kommen und ich nicht zu Dir.“

Über den Beweggrund seines Eintrittes in Geras: *„Mini, schau nach Rußland, in die Tschechoslowakei und nach Ungarn und Jugoslawien, wie es dort überall zugeht. Ich fürchte, daß ich als Weltpriester nicht genug Zeit hätte, zu beten und zu sühnen, und es ist doch heute so viel zu beten und zu büßen.“*

Weiters sagte seine Schwester Hermine aus, daß ihr Bruder den Ruf Gottes, nach Geras zu kommen, sehr freudig beantwortet habe: „Er hat den Eintritt in den Prämonstratenser-Orden als eine sehr entscheidende und wichtige Sache reiflich bedacht.“

Kindesworte künden von Beharrlichkeit

„Der Diener Gottes hat schon als kleines Kind eine große Andacht zur Mutter Gottes gehabt.“ So seine Schwester Hermine: „Ich erinnere mich noch daran, daß unsere Mutter mit uns Kindern im Maimonat täglich in die damalige Kapelle zur Ehren der Schmerzhaften Muttergottes im Kaasgraben in Sievering gegangen ist.

Mit großer Freude und mit großem Eifer ging der Diener Gottes mit, und wenn einmal unsere Mutter erklärte, sie habe heute keine Zeit, dann hat der Diener Gottes solange gebettelt, bis sie doch ging. Er hat gesagt: *‚Schau Mama, was wird die liebe Gottesmutter dazu sagen, wenn ich heute nicht komme!‘*“

Eine Frau, die über Gott lästerte

„Einmal machte eine Frau in der Gegenwart des Dieners Gottes eine abfällige Bemerkung über Gott und die Religion, da wies sie mein Bruder Jakob Kern ganz ruhig zurecht und sagte: *‚Liebe Frau, es tut mir furchtbar leid, und es macht mich schrecklich traurig, daß Sie vom lieben Gott so abfällig sprechen, von dem Sie so viele Wohltaten bekommen haben.‘* Diese Frau ist später sehr fromm geworden.“ (Hermine Müssauer)

Sie konnten nicht mehr weitersingen

„Am Vorabend seines Primiztages in Vöcklabruck fuhr Jakob in einem offenen Wagen vom Pfarrhaus zum Mutterhaus der Schulschwestern.

Da traten aus einem Gasthaus Kinder von Sozialisten, die bei seinem Anblick ein Spottlied sangen. Jede Strophe dieses Liedes endete mit dem Refrain ‚Wir brauchen keine Pfaffen mehr'. Jakob blickte die Kinder nur ruhig und ernst an, und sie verstummten plötzlich und konnten nicht mehr weitersingen." (Hermine Müssauer)

Klarer Fall: stellvertretende Sühne

„Im Studienjahr 1919/1920 eröffnete mir einmal der Diener Gottes, daß er die Absicht habe, in die Prämonstratenser-Abtei Geras einzutreten. Über das Motiv zu diesem Entschluß erzählte er mir, er wolle seine körperlichen Leiden im Prämonstratenser-Orden Gott aufopfern, um Sühne zu leisten für den Abfall des Prämonstratenser-Priesters Zahradnik, der damals die tschechoslowakische Nationalkirche ins Leben gerufen hatte, und um die Rückkehr dieses Apostaten zu erbitten.

Auch erzählte mir einer unserer ehemaligen Kollegen, der Diener Gottes habe Zahradnik in seiner letzten Krankheit noch verständigen lassen, daß er für ihn seine Schmerzen aufgeopfert habe und nun bald sterben werde, und daß er Zahradnik inständigst bat, doch wieder zur Kirche zurückzukehren." (P. Patrizius Kriest Ofm. Cap.)

Mit der Kirche versöhnt gestorben

„Später hörte ich, daß der Apostat Zahradnik an Zungenkrebs erkrankt sei und sich vor seinem Sterben mit der Kirche ausgesöhnt habe." (Dr. P. Wilhelm Sekyra, OSB)

Hochaltar mit Gnadenbild „Unsere Liebe Frau von Geras“, das auf wunderbare Weise im Dreißigjährigen Krieg, trotz Einäscherung der Kirche, heil blieb.

Die vernarrte Baronesse

„Er hat mir von einem Erlebnis aus der Zeit, da er in der Offiziersschule in Innsbruck war, erzählt. Eine Baronesse hat ihn auf Schritt und Tritt verfolgt. Einmal ist sie ihm bis zu seiner Wohnungstüre nachgegangen. Da hat der Diener Gottes ihr gesagt: *‚Daß Sie mich auf der Straße verfolgen, halte ich schon von Ihnen für eine Gemeinheit, aber daß Sie noch bis zu meiner Türe kommen, ist schon der Gipfel von Zudringlichkeit.*‘“

(Hermine Müssauer)

Der Selige als Prediger

„Ich habe den Diener Gottes predigen gehört – er hatte eine mittellaute, angenehme, wohlklingende Stimme – und man hörte aus seinen Worten heraus, wie innig er sich auf die Predigt vorbereitet hatte.“

(Dir. Ernst Leitner)

Bischöfe und Prälaten

„Einmal fragte ihn einer von uns Burschen: ‚Wenn nun einmal ein Bischof oder ein Prälat nicht stimmt: was dann?‘ – Worauf Jakob Kern antwortete: *‚Das ist nicht aufregend, es geht auch so gut.*‘“ (Anton Schaffer)

Humor noch im Leid

Ein damaliger Krankenhausseelsorger in Hollabrunn berichtet: „Krankenschwestern dieses Spitals erzählten mir, daß der Diener Gottes die Operation ohne Narkose erdulden mußte wegen seines Herzleidens. Es mußten ihm vier Rippen entfernt werden ... Als nach der Entfernung der ersten drei Rippen der Operateur, der damalige Primar Dr. Felix Winiwarter, erklärte: ‚Jetzt kann ich noch immer nicht dazu, ich muß Ihnen noch eine Rippe resezieren!', antwortete der Diener Gottes scherzend: ‚*Entschuldigen Sie, Herr Doktor, daß ich so ein Beinlvieh bin!*'" (P. Patrizius Kriest Ofm. Cap.)

Das erhoffte Wunder

„Persönlich von der Heiligkeit des Diener Gottes überzeugt, habe ich ihn trotzdem einmal um ein solches Zeichen angerufen, als ich vor der Frage stand, durch meine Zeugenaussage und Vorarbeit für den Informativprozeß die Angelegenheit der Seligsprechung des Diener Gottes als dem Willen Gottes gemäß zu fördern oder nicht. Diese Bitte, die ich in der Wiener Augustinerkirche an den Diener Gottes gerichtet hatte, fand unmittelbar darauf in auffallender Weise ihre Erhörung.

Von einem der Kirche gegenüberliegenden bombenbeschädigten Palais, an dem Restaurierungsarbeiten auf Gerüsten vorgenommen wurden, lösten sich plötzlich mächtige Steinplatten des Gesimses und stürzten in die Tiefe, sodaß Mauerwerk und Gerüstteile die Straße in ihrer ganzen Breite bedeckten. Diese sehr enge und gewöhnlich sehr frequentierte Straße war in diesem Augenblick gerade an dieser Stelle weder von Passanten noch von Verkehrsmitteln benützt, obwohl knapp zuvor ein langsames Pferdefuhrwerk diese Stelle gerade noch passiert hatte. Auch die Arbeiter hatten gerade in diesem Augenblick alle das Gerüst verlassen, sodaß auch die Tagesblätter über diesen Vorfall mit den Worten berichteten: ‚Wie durch ein Wunder kam bei diesem Ereignis niemand zu Schaden!'" (Dr. Alexander Brunner)

Frucht des Fürbittgebetes

„Ich bin am 7. September 1924 in das Stift Geras eingetreten. Beim Begräbnis des Diener Gottes war ich anwesend und trug bei diesem Anlaß als Novize das Kapitelkreuz … Ich hatte im Verlauf des Noviziates schon Berufsschwierigkeiten und Zweifel. Trotzdem legte ich nach dem Noviziatsjahr die Dreijährigen Gelübde ab. Daraufhin wurde ich von meinen Oberen nach Innsbruck ins Canisianum zum Studium der Philosophie und der Theologie geschickt. Dort steigerte sich meine Berufskrise. In dieser inneren Not wandte ich mich an den Diener Gottes und bat ihn, er, der mich im Stift Geras eingeführt hatte, möge mir durch seine Fürbitte ein Zeichen erflehen, an dem ich den Willen Gottes erkennen könnte in der Frage meines Lebensberufes. Mein bald darauf notwendig gewordener Austritt aus dem Orden der Prämonstratenser erschien mir damals und erscheint mir heute noch als die dem Willen Gottes entsprechende Lösung meiner Berufsfrage und als die Frucht des Fürbittgebetes des Diener Gottes. Ich bin davon überzeugt, daß meine glückliche Ehe der Fürsprache Jakob Kerns zu verdanken ist." (Amandus Schwarz)

„Mich hat der Diener Gottes gerügt!“

Als Bub ging Ernst Pfandler mit dem Diener Gottes an einem Feldkreuz vorbei, er nahm den Hut nicht ab. *„Ernst, so geht das nicht! Jeden Menschen, dem Du begegnest, grüßt Du, man muß noch viel mehr den Herrgott grüßen!“*

Violettes Licht erscheint in der Wäscherei

„Nach der Exhumierung wurden die Habitreste des Diener Gottes im Spätherbst 1956 von Frl. Maria Wildeis gewaschen … Dann kam ich abends um 18 Uhr zur Wäscherin in die Waschküche. Ich ließ ihr Wasser ein und stand mit dem Gesicht zum Fenster, dem sie den Rücken zuwandte.

Auf einmal war das Fenster hell violett erleuchtet. Als ich die Wäscherin fragte – sie ist inzwischen verstorben –, ob sie es auch gesehen habe, verneinte sie.

Als ich Frl. Maria davon erzählte, meinte sie, das sei nicht ernstzunehmen. Später berichtete sie, daß sie die gleiche Erscheinung gehabt hätte, nur auch zugleich das Missionskreuz und die darauf angebrachte Inschrift ‚Rette Deine Seele' gesehen habe. Ich hatte das Gefühl, nicht allein zu sein, fürchtete mich und bat den Diener Gottes, mir die Furcht zu nehmen; nach einem Monat schwand das Gefühl der Furcht." (Theresia Buchta)

Das mysteriöse Missionskreuz

„Im Oktober oder November – ich glaube im Jahre 1956 – habe ich die Habitreste, die sich im Grabe des Diener Gottes fanden, in der Waschküche gründlich gewaschen. Ich habe dann die Stücke zum Trocknen ausgebreitet. Bald darauf ersuchte mich die Wäscherin, die Stücke aus der Waschküche wegzugeben. Als sie eines Tages um 16 Uhr weggegangen war, hörte ich in der Küche, daß draußen jemand stöhnt. Ich ging hinaus, um

Das Wappen von Geras, wie es König Ferdinand dem Stift verliehen hat. Miniatur (1544)

Hilfe zu bringen, weil ich meinte, daß jemandem schlecht geworden sei. Ich fand niemanden und ging dann in das Zimmer, in dem sich die Wäscherin – die inzwischen verstorben ist – und Frau Buchta aufhielten. Ich erzählte von dem Stöhnen, und die Wäscherin sagte:

‚Gut, daß Sie auch etwas hörten. Vielleicht werden Sie jetzt verstehen, warum wir nicht bei der Hauptstiege hereingehen wollen.‘ Ich habe dem dann weiter keine Beachtung geschenkt. Eines Tages habe ich mich erinnert, daß ich vergessen habe, die Waschmaschine abzustellen. Ich ging um 9 Uhr abends in die Waschküche und hatte dort auf einmal das Gefühl, nicht allein zu sein.

Ich sah das Fenster in violettes Licht getaucht und gegenüber im Freien das Missionskreuz. Die darauf angebrachte Inschrift, die ich bis dahin nicht kannte, da sie kaum mehr zu lesen ist, leuchtete hell, und ich konnte, obwohl ich kurzsichtig bin, erkennen: ‚Rette Deine Seele!‘ Am nächsten Tag um 6 Uhr früh ging ich mit dem Küchenmädchen schauen, ob sich im Schnee Spuren fänden, es gab aber keine solchen.

Einige Zeit später ließ sich ein Kleriker die Stelle zeigen, von wo aus ich das Missionskreuz mit seiner Aufschrift gesehen habe; wir stellten fest, daß man von diesem Punkt aus das Kreuz überhaupt nicht sehen kann und aus der gleichen Entfernung die Inschrift nicht mehr lesbar ist.“ (Maria Wildeis)

Um die Tatsache zu prüfen

„Der Gerichtshof begibt sich nun an diese Stelle und konstatiert, daß man von dort aus das Kreuz tatsächlich nicht sehen kann, weil ein dichter Baum – eine immergrüne Zypresse – dazwischensteht, und daß man auf die gleiche Entfernung die Inschrift tatsächlich nicht lesen kann.“ (Johannes Bausenwein, Notarius)

Aus der Vogelperspektive: der Gesamtkomplex des Prämonstratenser-Chorherrenstiftes Geras.

Tiefes und festes Fundament

„Sein Lebensgebäude und Tugendgebäude – des Diener Gottes Jakob Kern – war nicht konstruiert, sondern äußerst einfach, aufgebaut auf dem tiefen und festen Fundament seiner persönlichen, heroischen Gottesliebe. Er fühlte sich stets als Kind Gottes und sah auch in seinen Mitmenschen immer vor allem dieses Verhältnis der Gotteskindschaft.“ (Pfarrer Karl Kozlik)

Der gute Humor hält ihn aufrecht

„Über seinen Zustand kann ich gnädigen Herrn nur mitteilen, daß es mit P. Jakob nicht gut steht. Sein guter Humor hält ihn aufrecht, was vom lieben Gott eine besondere Gabe ist, und ein Glück für ihn. Seine Kräfte nehmen immer mehr ab. Ob er sich in seiner Heimatluft vielleicht besser tut, wäre ja gut, und wünschen es ihm."

(Brief von Sr. M. Barbara an Abt Aemilian Greisl, Meran 5.6.1924)

Die Gefahr der Routine

„*Das Alltägliche darf uns beim Berufe nicht gewöhnlich werden, sondern es muß uns täglich neu sein und immer wieder begeistern.*"

(Wien, am 14. April 1919, Brief von Jakob Kern an Vetter „Pepi" Hoda)

Mutter bleibt immer Mutter

„*Weißt, wie ich jetzt zurückkam, besuchte ich gleich meine kranke Mutter, und wenn ich auch auf ihren Tod schon ganz gefaßt bin, so greift mich doch die arme, kranke Frau mit ihren furchtbaren Schmerzen riesig an. Denn schließlich die Mutter bleibt immer Mutter. Und man hat sie doch nur einmal. Jetzt, wenn ich zu ihr komme, weint sie immer, weil sie meine Primiz und eine schönere Zukunft nicht mehr erleben kann, und dabei bleibt mir immer das Wort des Trostes in der Kehle stecken, wenn ich auch die Tränen mit aller Kraft verbergen muß. – Hoffentlich bring' ich es noch zustande und kann meiner Mutter in ihrem großen Leide Trost und Stärke bringen. Ein schöner, aber auch ein trauriger Dienst für ein Kind! – So bin ich nun in der großen Schule des Lebens.*" (Aus dem Brief an Vetter „Pepi")

Er ahnte sein kurzes Leben voraus

„Der Diener Gottes sagte, er habe sich beeilen wollen, Priester zu werden, da er erkannt hätte, daß er nicht lang zu leben habe.“ (Amalia Függer)

„Bußübungen willst Du haben?“

„1. ‚Der Tisch soll mir ein Altar sein‘ – bei jeder Mahlzeit eine kleine Überwindung.
2. Sonst hauptsächlich Zucht der Sinne – Augen – Mund.
3. Nicht viele äußere Bußübungen aber regelmäßig.
4. Das was Gott schickt, fröhlich ertragen, unangenehmes Wetter, Menschen, Kälte u. dgl.
5. Hauptsächlich auf das Innere schauen! Überwindung der Selbstsucht. – Da hast Du schon recht – es muß die Liebe Gottes den ganzen Menschen erfassen. – Eine Gebetsintention wäre heute allein: Die im Beruf gefährdeten Priester und Ordensleute. Du könntest nichts Besseres tun. Gewiß hast Du recht: mit dem treuen innigen Gebet kommt man am weitesten. – Nichts hilft so viel.“

So schreibt sein Seelenführer am 6. November 1920 an den Novizen Jakob Kern im Stift Geras.

(Msgr. Karl Handloß, Spiritual des Wiener Priesterseminars)

Seine eigenartige Ausstrahlung

„Jakob Kern war ein äußerst frommer Mensch. Ich war damals als Chorsängerin am Chor in der Stiftskirche Geras und habe empfunden, daß Hochwürden Kern etwas ausstrahlt, daß man für ihn mehr empfinden hat können als für andere Priester." (Gisela Blei)

10 Gebote des Knoblauchbrotes

„Ich half immer wieder in der Stiftsküche aus: Als Jakob Kern einmal in die Küche kam – er aß gerne Knoblauchbrot –, überreichte er mir einen handgeschriebenen Zettel, auf dem er die *„10 Gebote des Knoblauchbrotes"* aufgeschrieben hatte. *‚Es muß 1. gut sein, 2. schmackhaft sein, 3. dünn sein, 4. auf der Herdplatte gebäckt sein, 5. mit Knoblauch gut beschmiert sein, 6. mit dem nötigen Quantum Schmalz beschmiert sein, 7. mit Salz gewürzt sein, 8. auf einem Teller serviert werden, 9. mit Liebe zubereitet werden und 10. mit dem frommen Wunsch ›wohl bekomms‹ mir geschickt werden. Grüsse Jakob.'"* (Gisela Blei)

Seine Liebe zum Habit

„Ohne seinen Habit – Ordensgewand – habe ich Herrn Jakob nie gesehen. Ich erinnere mich heute noch, wie sein Habit geflogen ist, als wir – auch die Konventdiener und Jakob Kern – in der Küche ziemlich lustig umherliefen." (Gisela Blei)

„Wie Friedhofsroserln"

„Jakob Kern war groß, blond, und ich erinnere mich besonders an seine roten Wangen, die wie ‚Friedhofsroserln', wie man bei uns zu solchen Wangen zu sagen pflegt, aussahen." (Gisela Blei)

„Er hat auch mir geholfen"

„Wenn Eiter aus der Wunde des Diener Gottes kam, verband ihn der Diener Julius zweimal täglich. Seine Taschentücher waren voll Blut.

Niemand wollte Verbände und Taschentücher reinigen. Da habe ich sie gewaschen, weil ich meinte, man müsse für so einen heiligmäßigen Menschen ein Opfer bringen. Ich war aber dumm und habe keine Desinfektionsmittel verwendet, sondern so alles mit der Hand ausgewaschen.

Ich glaube, daß das der Anlaß war, daß ich an Tbc erkrankte. Der Spezialist stellte eine Kaverne fest. Ich habe daraufhin den inzwischen verstorbenen Diener Gottes inständig angerufen, mir zu helfen, und ich schreibe es seiner Fürbitte zu, daß ich in Bälde ganz gesund wurde." (Sofie Zotter)

Aus einem Brief vom 5. August 1923

„Jakob marschiert schon acht bis zehn Schritte mit Ernstens und meiner Hilfe. Wir mußten in seine Bude zwei Sessel in Form eines Triumphbogens aufstellen – war, kannst Dir ja denken, recht fragmentartig – und er stolzierte als Sieger über den Tod darunter durch. Ein köstlicher Mensch, nicht wahr?"

(Dir. Ernst Leitner an seine Braut)

Die Schwelle überschreiten

„Der Diener Gottes hatte ein großes Gottvertrauen. Er fürchtete sich in diesem Gottvertrauen auch nicht vor dem Sterben … Er sagte mir Folgendes: *‚Schwester Paula, warum fürchten Sie sich vor dem Sterben? Es ist doch so, eine Türe geht auf, man tritt über die Schwelle, die Türe schließt sich und man ist in der Ewigkeit. Darum keine Sorge vor dem Sterben!‘“*

(Schwester Maria Paula Seidl, Dienerin des Hlst. Herzens Jesu)

„Das Daheim“ des Chorherren ist sein Platz im Chorgestühl, aus dem täglich das Gotteslob erschallt. Hier sollte der Reliquienschrein des Seligen verharren, bevor er in seine Kapelle übertragen wurde.

6

OPFERSEELE

Dem verwundeten Herzen des Erlösers geweiht

Eine demütige Antwort

Die Selige Mutter Maria von Jesus Deluil-Martiny (1841 – 1884) wurde in Marseille, Frankreich, geboren. Am Herz-Jesu-Fest, dem 20. Juni 1873, gründet sie die Kongregation der „Töchter des Herzens Jesu" in Berchem-Antwerpen, Belgien. Sie beginnt mit ihrer Aufgabe der ewigen Anbetung.

Am 27. Februar 1884 wird sie im Klostergarten einer Neugründung in La Servianne-Marseille von einem Anarchisten ermordet. Ihre letzten Worte sind: „Ich verzeihe ihm … für das Werk." …

Bald zählt die Gemeinschaft mehrere Niederlassungen in Europa.

Die Vereinigung der Opferseelen

Seit 1912 hat sie ihren Sitz im Kloster der Kongregation der „Töchter des Herzens Jesu" in Hall in Tirol. In der Herz-Jesu-Basilika sind rückwärts beim Hochaltar die Bücher mit dem Verzeichnis der Opferseelen verwahrt, als Sinnbild der Vereinigung mit dem Herzen Jesu und dem großen Sühnopfer der heiligen Messe.

Eintragung vom 8. Dezember 1918: *„Nr. 3888 H. Franz Al. Kern, Wien."* – Franz Kern war von der Herz-Jesu-Frömmigkeit tief ergriffen. Ebenso von dem in ihr ver-

*Mutter Maria von Jesus Deluil-Martiny,
am 22. Oktober 1989 in Rom seliggesprochen.*

ankerten Gedanken der Sühne und des Opfers. Am 24. Juli 1920 schrieb er an Abt Greisl, „*daß man all sein Können und Vermögen voll und ganz in den Dienst der wichtigen und zugleich heiligen Sache stellen muß.*

Schon die Erkenntnis von der Wichtigkeit der Sühneleistung halte ich für eine große Gnade, die noch recht vielen Menschen gegeben werden möge."

Im Zentrum des Opfergedankens

Da steht bei Jakob Kern die Totalhingabe. Der Selige gab sich alle Mühe, mit dem an sich sinnlosen Leiden sinnvoll umzugehen.

Zur rechtverstandenen Sühne gehört der positive Ausgleich, das Wiedergutmachen. Echte Sühne ist es erst dann, wenn man es freiwillig und bereitwillig tut.

Rechte Sühne sucht Ausgleich im Guten

In der Sühne als stellvertretende Wiedergutmachung nimmt der Mensch, der persönlich schuldlos ist, die Schuld anderer auf sein Gewissen. Er weiß, daß dieses Verhalten für sie segenbringend ist. Im hoffenden Vertrauen weiß er sich im Einvernehmen mit dem Auferstandenen, der die Schuld der Welt durch Leid, Tod und Gottesferne vernichtet hat. So darf er ergänzen, was am Leiden Christi noch fehlt.

Jakob Kern erinnert uns daran, daß wir manches wieder gut oder besser machen können. Er ermuntert uns, diese Möglichkeit und Gabe mit ihm zu ergreifen.

Landesheiligtum „Herz-Jesu-Basilika“ Hall in Tirol.

LEIDEN UND LIEBEN INNIG VERBUNDEN

In der Leidensgeschichte Jesu Christi

Da wird das Leiden und die Liebe Gottes offenbar, im Kampf gegen das Böse, zur Rettung der Seelen. Darauf beruht auch das Leben, Leiden und Lieben des Sühnepriesters Jakob Kern. Er wird zum Zeugen der Versöhnung. Versöhnung aber braucht Sühne, Opfer und Wiedergutmachung.

„Leidtragend und liebenswürdig", so wird Jakob Kern von Frau Aloisia Spitaler, einer seiner Schülerinnen, charakterisiert. – Diese über 80 Jahre alte Dame wohnt in der Pfarre des Autors.

Zum Saatgut Gottes werden

Sich auch in den Leiden verschenken, das tut gerade heute wieder not. Denn wir leben in einer Zeit der bewußten Leidverdrängung, sei es durch Alkohol, Nikotin, Thein, Koffein, Drogen oder durch die Euthanasie.

Jakob Kern ertrug nicht nur seine Leiden bis in den Tod, sondern er vereinigte sein Leiden aus der Kriegsverwundung mit dem Blick auf das Kreuz Christi. Jesus Christus ist ja der barmherzige, mitleidende und für viele sterbende Gottesknecht.

Das in Geduld ertragene und aufgeopferte Leiden wird somit zum Erlösungswerk unseres Herrn Jesus Christus

Das bittere Tausendguldenkraut, Symbol für Opfersinn, stärkt den Magen und festigt den Willen.

in Bezug gesetzt. Darin können wir lernen, nicht nur zu fordern, sondern zu schenken und uns auch in den Leiden zu ver-schenken. Das heißt, Krankheit und Tod erhalten in diesen Perspektiven Wertigkeit und Sinnhaftigkeit. „*Mit der richtigen Intention verbunden*", wie Jakob Kern es ausdrückt, „*wird jedes Gebet, Opfer, jede Mühe und Plage heiliges Saatgut Gottes, das früher oder später seine Frucht bringt.*"

Er stand zur Aufopferung seines Leidens

Aus dem Mund seiner Schwester Hermine: „Der Diener Gottes hat die Aufopferung seines Leidens, die er Gott gemacht hatte, niemals zurückgenommen. Ich besuchte ihn einmal in der Klinik, und als ich mit ihm ganz allein war, bedauerte ich ihn wegen seiner Leiden und sagte: ‚Du armer Kerl mußt soviel leiden, was dieser Krieg alles verschuldet hat.' Darauf antwortete er mir: ‚*Einer muß sein, der für viele büßt. Ich habe mich Gott aufgeopfert und bin ihm dankbar dafür, daß er mich soviel leiden läßt, um zu büßen.*'"

Die Sühneleistung, ein erhabener Beruf

Am 24. Juli 1920 schreibt Franz Alexander Kern aus Vöcklabruck an Prälat Aemilian Greisl: „*Gelobt sei Jesus Christus! Mit größter Freude und innigstem Dank gegen den lieben Gott habe ich die Mitteilung von Euer Gnaden erhalten, daß ich nunmehr ein Kandidat des Stiftes Geras bin.*

Ich sehe darin, daß mein armseliges Opfer dem lieben Gott angenehm ist und sehne den Tag herbei, wo ich endlich meinen affektiven Willen und Entschluß in die effektive Tat umsetzen kann.

O wie freue ich mich, daß ich in Ihnen, hochwürdigster Herr Abt, einen Vorgesetzten erlange, der als Opferseele für die Interessen des heiligsten Herzens arbeitet.

Schon seit einigen Jahren habe ich das Glück, der Vereinigung der Opferseelen anzugehören und bin nun ganz begeistert, daß hochwürdigster Herr Abt selbst auch dabei sind."

Strahlkraft seiner Liebe

Am 20. Juni 1998, dem Tag vor der Seligsprechung, hielt unser Mitbruder Univ.-Prof. Dr. Augustinus Wucherer-Huldenfeld OPraem. einen Festvortrag „Zur Spiritualität des Seligen Jakob Kern".

Zum Abschluß: „Was alle, die Jakob Kern noch persönlich kannten, bezeugen, ist die Unbedingtheit im Einsatz seiner selbst und die Strahlkraft seiner Liebe. Sie ist der Schlüssel zu seinem Sühne- und Opferleben."

„Im Zentrum der Herz-Jesu-Frömmigkeit Jakob Kerns stand das Wort: ‚Wer Durst hat, komme zu mir, und es trinke, wer an mich glaubt. Aus seinem Inneren werden Ströme von lebendigem Wasser fließen.' (Joh 7, 37–38)

Jakob Kern wurde zu einem solchen liebend Glaubenden, der für uns zum Quell und Mitausspender göttlichen Geistes und göttlicher Liebe geworden ist."

7

SELIGSPRECHUNG

Nicht die Helden der Welt haben das Wort

Weiße Wolke über Wien

Der 21. Juni 1998 war ein großer Tag für den Prämonstratenser-Orden. Wien wurde das Reiseziel der geistlichen Söhne und Töchter des heiligen Norbert in ihren weißen Ordenskleidern.

Von Ungarn, Tschechien, der Slowakei, Deutschland, Belgien, Holland, Irland, Nordamerika und selbstverständlich Österreich kamen sie. Wurde doch einer aus ihrer Mitte, der Sühnepriester Jakob Kern vom Stift Geras, seliggesprochen.

Der Himmel strahlte Freude aus

Mit seinem Lächeln pries er den Schöpfer, denn die Hauptstadt Wien wurde an diesem Tag zum Mittelpunkt eines großartigen, einmaligen Geschehens.

Mit der Seligsprechung von drei österreichischen Ordensleuten am Sonntagvormittag, dem 21. Juni 1998, auf dem Wiener Heldenplatz hatte der 3. Pastoralbesuch von Papst Johannes Paul II. in Österreich seinen religiösen Höhepunkt erreicht.

Unter den mehr als 50.000 Mitfeiernden waren auch zahlreiche Kardinäle und Bischöfe aus dem In- und Ausland, aber auch die Staatspräsidenten von Litauen, Rumänien und Österreich anwesend.

Die Prämonstratenser sind geistliche Söhne des hl. Norbert. Ihm hat die Gottesmutter das weiße Ordenskleid gezeigt.

In seiner Predigt ging Johannes Paul II. auf den geschichtsträchtigen Wiener Heldenplatz ein, wo „heute nicht die Helden der Welt das Wort haben, sondern die Helden der Kirche, drei neue Selige". Es sollte ein Fest werden, und es wurde auch eines. Eine dichte, herzliche Atmosphäre, enger Kontakt zwischen Papst und Mitfeiernden kennzeichnete diese heilige Messe in Wien.

Stellvertretend für die zehntausend Jugendlichen segnete der Papst ein junges Mädchen und einen Burschen.

Unermüdlich waren die Helferinnen und Helfer am Werk. Das Wasser, das sie freigiebig austeilten, bewahrte viele bei der brütenden Hitze vor dem Kollaps.

„Drei Helden" auf dem Heldenplatz

So der Heilige Vater in seiner Festpredigt: „Die drei Helden der Kirche, die wir soeben in das Buch der Seligen eingeschrieben haben, können Euch eine Lebenshilfe sein: Der junge Jakob Kern, der gerade in seiner Krankheit das Vertrauen der Jugend gewann. – Pater Anton Maria Schwartz, der es verstand, die Herzen der Lehrlinge zu erreichen. – Schwester Restituta Kafka, die den Mut aufbrachte, für ihre eigene Meinung einzustehen.

Sie waren keine ‚fotokopierten Christen', sondern jeder für sich ein Original, unauswechselbar und einzigartig.

Sie haben angefangen wie Ihr: als junge Menschen, voller Ideale und auf der Suche nach einem Sinn, für den es sich zu leben lohnt.

Noch etwas macht die drei neuen Seligen so anziehend: Ihre Lebensgeschichten zeigen uns, wie sie als Persönlichkeiten nach und nach gereift sind.

Auch Euer Leben ist noch keine reife Frucht. Deshalb kommt es darauf an, daß Ihr das Leben pflegt, damit es zur Blüte und Reife kommen kann. Nährt es mit dem Saft des Evangeliums! Haltet es Christus hin, der Sonne des Heiles! Pflanzt das Kreuz in Euer Leben ein – das Kreuz als wahren Baum des Lebens!

… Die Kirche von heute braucht keine Teilzeitkatholiken, sondern Vollblutchristen!“

„Pflanzt das Kreuz in Euer Leben ein!“ sagte der Heilige Vater. Im Kreuzesopfer Christi, dem heiligen Opfer der Eucharistie, vollzieht sich das Werk unserer Erlösung und trägt im höchsten Maße dazu bei, daß das Leben der Gläubigen Ausdruck und Offenbarung des Mysteriums Christi und des eigentlichen Wesens der wahren Kirche wird.

Ein Tag, der vom Himmel fiel

Ein Bildwerfer, scharf eingestellt

Farbbilder mit Texteinblende leuchten auf. Wir schauen und verweilen, den Wiener Heldenplatz im Visier, im Lichtblick der Seligsprechung.

So war es damals, am 21. Juni 1998. Ein Erlebnis, das einem „unter die Haut ging". Mehr noch, man wurde innerlich „umgekrempelt", dazu bewogen, sich gewaltig zu ändern. Nämlich die Menschen mit der Liebe Gottes zu lieben. Denn Er hat unsere Liebe zu den anderen zum Prüfstein unserer Gottesliebe gemacht.

Menschen wie du und ich werden seliggesprochen, deren konkrete Lebensbedingungen wir kennen.

„Die Kirche von heute braucht keine Teilzeitkatholiken, sondern Vollblutchristen! Die drei neuen Seligen waren es. An ihnen können wir Maß nehmen.“ (Papst Johannes Paul II.)

Körperlich gestützt auf das Kreuz des Hirtenstabes, stellte der Heilige Vater das Kreuz auch geistig in die Mitte seiner Rede.

Vertreter der Orden, denen die Seligen angehörten, ·brachten deren Reliquiare zum Opferaltar.

Der Heilige Vater und die Konzelebranten bei der heiligen Messe. 50.000 Menschen feierten andächtig mit.

KR Evermod Fettinger OPraem. überreichte dem Heiligen Vater das Jakob Kern-Reliquiar „Gelebte Versöhnung" für die Weltkirche. Dieser schenkte sie unserer Mission in Itinga, Brasilien.

Segnend verließ der Heilige Vater den Altar, in den die Reliquien der drei neuen Seligen eingesenkt waren.

„Unser Bildungshaus in Brasilien heißt ‚Casa Beato Tiago' (Jakob-Kern-Haus). Wir verehren den Seligen, dessen wertvolle Reliquie wir besitzen, als unseren Schutzpatron."

Der Heilige Vater gab dem Lektor des Kurz-Lebenslaufes von Jakob Kern die Hand und sagte „Grüß Gott!" – Durch Diözesanbischof Dr. Kurt Krenn bekam ich als Pfarrer von Harth meinen Mitbruder Benedikt Felsinger als Kaplan. Bei den Vorbereitungen für die Liturgiefeier am 21. Juni 1998 vertrat er auch das Stift Geras.

„Edle Einfalt und stille Größe"

Wir Menschen „schauen" zwar Dinge, wir „durchschauen" sie aber nicht. Unser „irdisches" Leben fesselt den Leib an die Erde. Der Geist flattert wie ein Schmetterling zwischen dem „Natürlichen" und dem „Himmlischen" hin und her. Allein unsere Seele erfüllt ein „Sehnen" nach Gott, der im „reinsten" Licht wohnt.

In der „Mystik" „übersteigt" die unmittelbare Erfahrung der göttlichen Realität das „gewöhnliche" Bewußtsein und die „verstandesmäßige" Erkenntnis.

Hofrat Dr. Karl Lechner, der den Seligen Jakob Kern noch persönlich gekannt hat, charakterisierte ihn so: *„Edle Einfalt und stille Größe"*.

Dieser Priester und Ordensmann wird damit über die Grenzlinie des „Musterchristen" herausgehoben, hinein in die Schauenden, die Mystiker.

In einem Traum-Gesicht bezeichne ich den Helden dieses Buches mit dem Nennwort „Einer".

„Einer" ging schwer beladen in einem unüberschaubaren Zug von schleppenden, keuchenden Menschen auf einer endlosen Landstraße. Da fragte „Einer", wohin denn die Reise gehe. – Die Antwort war: „Wir gehen alle zur Liebe Gottes." So wanderte „Einer" gerne mit und wartete gespannt das Ziel ab.

Dann endlich kamen sie an eine riesige Mauer. Dahinter, so hieß es, sollte die Liebe wohnen.

Oben in der Mauer sah man eine große Öffnung. Dort stellten sie eine hohe Leiter an. Der Reihe nach stiegen sie alle hinauf, kamen aber wieder zurück, denn das viele Gepack ließ sie nicht einsteigen.

Da kam „Einer" an die Reihe. Er stieg hinauf, sah jenseits der Mauer eine Flut von Licht, warf alles von sich und sprang hinein in das Meer der Liebe Gottes.

Sind nicht dieser Traum und das Leben des Seligen Jakob Kern auf einen Nenner zu bringen?

Die große Geduld und der Leidensmut von Jakob Kern offenbaren einen sehr klar denkenden Geist und ein feinfühlendes Herz. Die Strahlkraft seiner Liebe brachte ihm viele Bewunderer. Der Selige wurde zum „Saatgut Gottes" … auch für uns und unsere Zeit.

Gott,
du hast dem
Seligen Jakob Kern
die Gabe verliehen,
nach Vollkommen-
heit zu streben
und sein Leiden
geduldig zu tragen.
Gib uns auf seine
Fürsprache die Freude
des Geistes und die Kraft,
auf dem Weg der Liebe voranzuschreiten.
Darum bitten wir durch Jesus Christus.
Amen.

Das Gedächtnis des Seligen Jakob Kern wird alljährlich am 20. Oktober gefeiert.

Gebetserhörungen bitte senden an:
Kräuterpfarrer Hermann-Josef Weidinger
Hauptstraße 13, Postfach 5,
A-3822 Karlstein/Thaya